위닝 컬러

사람의 욕망을 움직이는 10가지 색의 법칙

위닝 컬러

WINNING
COLOR

이랑주 지음

지오북

추천의 말

컬러는 도발이자 전복이다.

그래서 사람들의 마음을 움직이고 세상을 바꾸는 에너지다.

명강의로 정평이 난 비주얼 마케팅의 대가가

탄탄한 노하우를 담았기에 일독을 권한다.

— 강신장 모네상스 대표, 전 세라젬 사장, 삼성경제연구소 전무

사업을 하려는 사람들에게 이랑주의 책을 권한다.

같은 것을 봐도 더 긍정적으로, 더 통찰력 있게 접근하기 때문이다.

이 책 또한 그렇다. 단순히 색을 사용하는 법을 알려주는 것을 넘어,

성공과 행운을 끌어당기는 '에너지'를 만들어내는 법을 담고 있다.

— 켈리 최 켈리 델리 회장, 『웰 씽킹』 저자

왜 색의 시대일까

마케팅 혁명가로 불리는 세스 고딘(Seth Godin)의 대표 저서 중에 『보랏빛 소가 온다』가 있다. 여기에서 '보랏빛 소'란 압도적으로 '눈에 끄는 독특한 것(리마커블, remarkable)'을 말한다.

아무리 좋은 물건이나 광고도 반복되면 금방 지루함을 느끼게 마련이다. 이런 시대에 대중의 눈에 들기 위해서는 좋은 정도가 아니라 압도적으로 독보적인 마케팅을 해야 한다. 초원에 있는 수백 마리 소들 중 보라색 소가 있다면 한 번 봐도 잊히지 않듯이, 소비자들을 사로잡으려면 혁신적인 아이디어를 바탕으로 열광하는 사람들을 만들어내고, 그들이 입소문을 내도록 만드는 전략을 써야 한다는 것이다.

세스 고딘은 여러 색깔 중에서도 독특하고 개성이 강한 컬러인 보라를 선택해 자신의 개념을 강력하게 독자들에게 인지시켰다. 만약 세스 고딘이 보라색을 선택하지 않고 빨간빛 소, 파란빛 소라는 이름을 썼다면 어땠을까? 책 제목이 '붉은빛 소가 온다'였다면 과연 '리마커블'이라는 개념이 독자들의 머릿속에 각인될 수있었을까? 개념을 이미지로 만들고, 그 이미지에 강력한 색을 입히는 일 자체가 '리마커블'이라 할 수 있다.

비주얼 커뮤니케이션의 시대가 왔다

하루에도 수만 가지의 정보를 처리하는 인간의 뇌는 선택적으로 어떤 것은 길게 기억하고, 어떤 것은 금방 잊어버린다. 어떤 것은 빨리 인지하고, 어떤 것은 느리게 인지한다. 그렇다면 빨리 인지하되 오래 남는 정보는 어떤 종류일까. 바로 시각 정보다. 시각 정보는 그 어떤 형태의 정보보다 빠르고, 한번 인식되면 오래 기억할 수 있다는 장점이 있다. '비주얼 커뮤니케이션(visual communication)'은 바로 이 시각 정보를 활용한 상호 교감을 말한다. 이 중 색은 가장 강력한 요소로, 비중이 매우 크다. 인간이 오감을 통해 받아들이는 외부 정보 중 87퍼센트 정도가 시각 정보에 의해서 이루어진다면, 그 87퍼센트의 정보에서 60퍼센트 이상을 차지하는 게 바로 '색'이기 때문이다.

색이라는 시각 정보의 쓰임새는 매우 다양하다. 우선 빠르게 '차별성'을 만들어낸다. 유사한 성능과 디자인을 가진 두 제품을 차별화할 수 있는 가장 빠른 방법은 각기 다른 종류의 색을 쓰는 것이다. 색을 바꾸는 것만으로도 호감이 가지 않던 제품에 호감을 느끼기도 한다. 색 하나를 어떻게 쓰느냐에 따라 매출이 실제로 오르기도 하고 떨어지기도 하는 것이다.

한 마케팅 회사의 조사에 따르면 소비자들 중 85퍼센트가 어떤 제품을 다른 제품보다 선호하는 이유로 '색'을 꼽았다. 소비자의 80퍼센트는 브랜드가 기억에 남는 데에 색깔이 도움을 준다고 답했다. 색깔이 제품과 브랜드의 경쟁력을 좌우하는 것이다.[i]

게다가 소비자가 브랜드와 제품을 접하고 받아들이는 공간이 점점 더 비주얼 커뮤니케이션 위주로 이루어지고 있다. 비주얼 커뮤니케이션의 양도 엄청나게 많아졌다. 인스타그램에서는 언어의 장벽을 넘어 한 장의 사진으로 수백만 명이 소통한다. 전 세계 사람들에게 '좋아요'를 받고, 리그램으로 공유되고 전파된다. 오늘날 사람들은 '좋아요' 하나를 받기 위해서 엄청나게 노력한다. 음식 사진을 하나 올려도 어떤 각도에서 어떤 필터를 사용해 찍어야 하는지를 미리 고민한다. 어떤 옷을 입어야 원하는 장소에서 원하는 사진이 잘 나올지 고민하는 게 일상이 되었다.

동영상도 과거에 비해 폭발적으로 일반화되었다. 고객에게 자기 제품을 알리려는 기업부터 온라인 플랫폼에서 콘텐츠를 제작하는 크리에이터까지, 작은 카페를 운영하는 소상공인부터 자신이 직접 만든 액세서리를 판매하는 온라인 사업자까지, 모두가 유튜브 운영을 고민한다.

경쟁자가 많아지다 보니 콘텐츠의 내용도 중요하지만, 영상에서 보이는 이미지를 어떻게 더 인상적으로 만들지에 대한 고민도 점점 커진다. 강의를 다니다 보면 예전에 비해 인스타그램이나 유튜브에 올릴 이미지에 어떤 색을 사용해야 좋은 효과를 볼 수 있는지 묻는 경우가 늘고 있다.

크리에이터가 어떤 색상의 옷을 반복해서 입고 나오는지, 배경은 무슨 색을 쓰는지에 따라 호감이 극대화된다는 것을 어렴풋이 느끼는 셈이다. 이처럼 평범한 사람들도 '비주얼 전문가'가 되어가는 시대이다. 이미지로 소통하는 경우가 늘어날수록 어떻게 하면 더 빠르게, 더 눈에 띄게, 더 오래 기억에 남는 이미지를 만드는가가 곧 성공 전략이 된다. 당연히 컬러에 대한 의존도는 더욱 높아질 것이다.

'파랗다'라는 말만 들어도 기분이 달라진다

특히 제품 그 자체의 성능보다 어떤 브랜드의 제품이냐가 중요해지는 시대에는 더더욱 색을 생각하지 않을 수 없다. 우리가 특정한 브랜드를 기억하는 방식 대부분이 색에 의존하기 때문이다. 몇 가지 사례만 들어도 금방 이해할 수 있다.

파란색 사각형 안에 노란색 타원이 들어간 이미지를 보여주면 사람들은 당장 '이케아'를 떠올린다. 검정색 사각형 안에 빨간색 사각형이 들어간 이미지를 보여주면 '넷플릭스'를 떠올린다. 이렇게 소비자들이 신뢰하는 브랜드일수록 우리의 뇌 속에 남은 컬러의 잔상과 연결되어 있는 브랜드가 많다. 바꿔 말하면 특정 브랜드에 대한 신뢰가 높아서 그 브랜드의 색을 기억하는 게 아니라, 이미지가 기억에 오래 남은 브랜드를 우리가 신뢰하고 있다는 것이다. 이 또한 컬러가 하는 일이다.

컬러는 인간의 기억에만 작용하는 게 아니라 실제 행동에도 영향을 미친다. 빨간색을 뚫어지게 보다 보면 심장이 두근거리고, 초록색을 바라보고 있으면 마음이 진정된다. 이는 개인의 취향 문제가 아니라 인간이라면 누구나 동일하게 겪는 현상이다.

색이 가지고 있는 힘은 다른 오감으로부터 오는 정보를 왜곡시키기도 한다. 똑같은 음료를 색이 다른 잔에 담으면 맛도 다르게 느낄 정도로 색이 가지는 힘은 강하다. 벽지를 어떤 색으로 하느냐에 따라 방 안 온도를 더 따뜻하게, 더 차갑게 느끼기도 한다. 심지어 색을 보고 있지 않을 때도 색은 힘을 발휘한다. "하늘을 봐"라는 말과 "파란 하늘을 봐"라는 말을 들을 때, 인간의 뇌는 완전히 다르게 반응한다. '파란'이라는 단어를 듣는 것만으로도, 보지도 않은 새파란 하늘을 바라본 듯한 청량한 기분을 느끼는 것이다.

때문에 색의 사용은 취향이나 유행의 차원이 아니라, 과학적인 근거 위에서 이루어져야 한다. 인간이 어떻게 색에 반응하는지 그 기본 법칙들을 정확히 아는 것만으로도 똑같은 제품을 가지고 새로운 매출을 일으킬 수 있다.

최근 컬러 마케팅 사례 연구가 늘고 색채 과학에 대한 관심이 높아지는 또 다른 이유는, 색과 인간 감정 사이의 관계 때문이다. 제품의 질적 차이가 크지 않고 매스 마케팅이나 광고가 먹히지 않는 시대에는 사람의 감정을 얼마나 강하게 자극하느냐가 곧 소비를 결정한다. 감정을 자극하는 요소는 많이 있지만, 글자가 없어도, 소리가 없어도, 향기가 없어도, 온도가 없어도 자극할 수 있는 가장 좋은 방법이 바로 '색'이다.

영국 런던 템스강의 블랙프라이어스 다리에는 투신자살을 하는 이들이 많았다. 그러나 이곳을 녹색으로 칠한 후부터는 자살하는 사람의 수가 3분의 1 이하로 줄었다고 한다.[ii] 녹색이 주는 편안함과 안정감이 극단적인 선택을 앞둔 사람의 심리를 바꾸는 작용을 한 것이다. 소비 영역에서도 마찬가지이다. 컬러를 잘 사용하면

제품 그 자체의 성능보다
어떤 브랜드의 제품이냐가
중요해지는 시대에는 더더욱
색을 생각하지 않을 수 없다.
우리가 특정한 브랜드를
기억하는 방식 대부분이
색에 의존하기 때문이다.

" Endast den som sover
  gör inga fel "

– Ingvar Kamprad

똑같은 물건을 사도 더 기분 좋은 소비였다는 만족감을 줄 수 있다. 이렇게 마법 같은 힘을 가진 컬러를 이해하고 두려움 없이 활용할 수 있다면, 고객의 마음을 얻고 자신이 원하는 성공을 이룰 수 있을 것이다.

성공과 행운을 부르는 색의 법칙

이 책은 컬러를 잘 사용하고자 하는 마케터, 기업가, 크리에이터, 자영업자를 비롯해 일상에서도 더 많은 사람들이 자신만의 컬러를 찾고 제대로 활용하기를 바라는 마음에서 집필하게 되었다.

앞에서도 말했지만 비주얼 브랜딩 강의 시에 '색'에 대해 질문하는 사람들이 점점 늘고 있다. "유튜브에 어떤 색을 사용하는 게 좋을지?" "매장에 어떤 색을 사용해야 좋을지?" 이런 질문들 뒤에는 어떤 두려움이 있다. 우리는 수많은 색깔들 속에서 살아가지만 정작 색을 다루어야 할 때는 막막함을 느낀다. '내가 개인적으로 좋아하는 색'은 자신 있게 말하면서도, 내 기업의 로고 색깔을 정하는 일은 어려워한다.

그러나 색을 어떻게 활용하면 소비자가 오래 기억하는지, 색이 인간이 내리는 의사 결정, 특히 소비 패턴에 어떻게 영향을 미치는지 등 그 기본적인 내용만 알면 두려움 없이 색을 사용하는 다양한 일에 도전할 수 있다.

수많은 색채 연구가들이 낸 저서와 참고 자료가 있고 성공적인 컬러 마케팅 사례가 정리된 기사들도 많지만, 막상 자신에게 적용하려고 하면 쉽지 않다. 색 자체에 대한 전문적인 이야기가 많고 대형 브랜드 위주의 사례 모음이라 실전에서 적용하기에는 구체적인 노하우를 알기 어려운 경우도 있다.

이 책은 누구나 쉽게 이해할 수 있는 '10가지 색의 법칙'을 정리해 담았다. 30여 년 전 처음 비주얼 머천다이징을 공부할 때도 가장 공들였던 분야가 바로 '색'이었다. 여기에 직접 컨설팅한 다양한 사례들을 바탕으로, 일반인도 이해할 수 있는 중요한 원칙들만 정리했다.

이 원칙들을 이해하기 전에 먼저 권하는 일이 있다. 바로 내 브랜드와 내 제품이 추구하는 바가 무엇인지를 정확하게 아는 것이다. 색이 가진 힘이 강한 것은 저마다 고유의 가치를 갖고 있기 때문이다. 세계 여러 나라의 신화들을 살펴보면 공통된 이야기 패턴을 발견할 수 있다. 그것을 '원형'이라고 한다. 색도 비슷하다. 색에는 저마다 인간의 감정과 행동을 불러일으키는 고유한 원형의 성질이 있다. 그 고유한 성질을 잘 활용하려면 내가 하고자 하는 일의 정체성을 정확하게 알아야 한다. 색의 원형과 내 일의 정체성이 제대로 결합할 때 색을 활용해 효과를 볼 수 있다.

이제는 디자이너만이 아니라 현장의 마케터는 물론 의사 결정을 내리는 CEO, 일상을 살아가는 사람들까지도 색에 대한 이해를 높여야 하는 시대가 되었다. 보는 순간 사람들을 끌어당기고, 욕망을 불러일으키는 색의 비밀을 알아보자.

차례

색은 없는 소비자도 만들어낸다

왜 빨간 만년필을 만들었을까

몇 년 전 TV에서 한 광고를 접하고 깜짝 놀랐다. 정수기 광고였는데 빨간 배경에 놓인 초록색 정수기 옆에 어떤 유명 배우가 앉아, 별다른 말 없이 "예쁜 물!"이라고 딱 한 마디만 하는 것이다. 다른 정수기 회사가 자신들의 초정밀 필터 기능이나 제품 관리 서비스를 자랑할 때, 이 회사는 '물이 예쁘다'라고 접근했다. 지금은 정수기에 색을 입히는 경우가 꽤 있지만, 그때만 해도 정수기는 거의 흰색 계열이었다. 그런데 초록색 정수기가 나온 것이다.

그 제품을 만든 회사는 기존에 안마의자를 만들었다. 안마의자 회사에서 만든 정수기가 물을 여섯 번이 아닌 일곱 번이나 깨끗하게 걸러준다고 해서 소비자들이 더 신뢰할 수 있을까. 더 낮은 가격으로 제품을 판매한다고 소비자들이 사게 될까. 그렇지 않을 것이다. 전문성이 상대적으로 떨어진다고 여겨지는 브랜드이기 때문이다. 그렇다면 그 부족한 전문성을 메꾸고도 남을 차별화된 요소로 무엇이 가능할까. 이 회사는 소비자들에게 아예 '다른 이유'를 제시했다. 바로 '예쁜 물'이다. '예쁘다'는 요소를 도입하니 더 깨끗한지, 더 전문성이 있는지를 물을 이유가 없어졌다. 예쁜 물이니 가격이 더 저렴할 필요도 없다. 색으로 새로운 구매욕을 만들어낸 것이다.

'색깔 있는 정수기' 사례는 컬러 마케팅의 기본 원리가 무엇인지 보여준다. 컬러 마케팅의 기원이 되는 파커의 빨간 만년필 사례도 이와 같다. 지금은 만년필을 사용하는 고객층이 다양하지만, 100여 년 전만 해도 만년필은 상류층 남성들만 쓰는 물건이었다. 그러다 보니 크기는 컸고 색은 주로 검정색이거나 갈색이었다.

그러던 만년필 시장에 1921년 파커가 '듀오폴드'라는 이름으로 빨간색 만년필을 내놓았다. 립스틱을 연상시키는 색과 디자인을 지닌 이 제품은 여성 소비자를 공략하기 위해 만든 것이었다. 당시 여성들의 사회 진출이 늘어나고, 만년필을 사용하는 층이 다양해지던 흐름 위에 올라탄 전략이었다. 매출은 폭발했다. 색을 바꿨을 뿐인데, 자기가 살 제품이 아니라 생각했던 물건을 사람들이 사기 시작한 것이다. 색으로 새로운 소비자, 새로운 수요, 새로운 시장을 탄생시킨 이 사례는 컬러 마케팅을 이해할 때 빠지지 않고 등장하게 되었다.

동일 제품이라 하더라도 다른 색을 이용해 소비자를 새롭게 발굴할 수 있다는 법칙은 항상 머리에 넣어두면 좋다. 특히 매출을 높이는 제품에 새로운 색을 더하면 판매가 더 확대되는 효과를 볼 수 있다. 분홍색 병에 담긴 향수가 히트하면, 곧이어 같은 제품이지만 연두색 병에 담긴 향수를 출시한다. 그 제품을 구매해야 하는 이유를 새롭게 만들어 판매량이 줄어드는 것을 막고, 판매 수명이 늘어나는 효과를 가져올 수 있다. 동일 제품의 정체성은 유지하되 색으로 변화를 주어서 판매 폭을 더 넓게 확대하고 새로운 수요를 창출하는 것이다.

색을 추가하면 이미 있던 제품도 새롭게 보이는 효과를 만들어낼 수 있다. 만약 40대 남성 직장인들이 주 고객인 오디오북 플랫폼에서 40대 여성을 위한 서비스를 시작한다고 가정해보자. 서비스 명칭에 여성 고객을 끌어당기는 색의 이름을 붙이고, 서비스되는 도서에 해당 색상의 리본을 붙여서 차별화하면, 이미 출시된 오디오북이라 할지라도 새롭게 듣고 싶은 욕구를 만들어낼 수 있다. 40대 여성 소비자 입장에서 보면 예전에는 자신이 들을 만하다고 여기지 않던 책이었는데, 색이 신호가 되어 '나를 타깃으로 하는 책'으로 느껴지는 것이다.

동일 제품이라 하더라도 다른 색을 이용해 소비자를 새롭게
발굴할 수 있다는 법칙은 항상 머리에 넣어두면 좋다.
특히 매출을 높이는 제품에 새로운 색을 더하면
판매가 더 확대되는 효과를 볼 수 있다.

색을 바꾸면 가격이 달라진다

최근에 색을 사용해 소비자들에게 없던 구매욕을 불러일으켜 크게 성공한 사례로는 삼성전자의 '비스포크 냉장고'가 대표적이다. 비스포크 냉장고가 출시되기 전에는 무채색 계열의 냉장고가 대부분이었다. 생활 가전을 의미하는 '백색 가전' 매출은 삼성보다 LG가 압도적이었다. 그랬던 삼성전자가 2019년 비스포크 냉장고를 출시했다.

비스포크는 '맞춤 물건'이라는 뜻을 가졌다. '말하는 대로'라는 의미의 비스피크(bespeak)에서 왔다는 이 단어는 1585년 영국 옥스퍼드 사전에 처음 등장했다고 한다. 비스포크는 물건을 제작하기 전에 의뢰하거나 주문한다는 뜻으로, 맞춤 정장을 뜻하다가 고객의 개별 취향을 반영해 제작하는 물건들을 통칭하는 단어로 쓰이게 되었다.

비스포크 냉장고는 냉장, 냉동고가 독립 냉각으로 되어 있다. 더욱 획기적인 건 냉장고 문의 색상을 선택할 수 있고, 고객이 원하는 여러 컬러를 선택해 조합할 수 있다는 점이다. 이 제품은 마치 몬드리안의 그림을 연상케 하는 비주얼을 선보이며 선풍적인 인기를 일으켰다.

비스포크는 출시 4개월 만에 삼성전자 냉장고 판매량의 65퍼센트를 차지하며 대표 상품이 되었다. 삼성전자는 기세를 몰아 라벤 더, 딥그린, 오렌지 등 10가지 색상을 추가해 선택의 폭을 더 넓혔다. 이에 멈추지 않고 공기청정기, 정수기, 스마트폰에 이르기까지 비스포크 스타일의 제품들을 다양하게 출시했다.

그동안 냉장고 분야는 계속 고급화와 대형화를 통해 수요를 만들어왔다. 그랬던 시장에서 삼성전자는 컬러를 이용해 1인 가구에서부터 다인 가구에 이르기까지, 2030부터 4050까지 자기의 취향에 맞게 다양한 냉장고를 맞춤 선택할 수 있게 했다. 냉장고에 대한 새로운 수요를 만들어낸 것이다. 기능과 가격으로 제품군을 일렬로 줄 세우고 그중에서 고르는 것이 아니라, '내 취향대로'라는 전혀 다른 기준을 만들었다.

예전에는 가전제품에서 컬러를 다양하게 쓰는 것에 대한 일종의 두려움이 있었다. 우선 컬러를 다양하게 만들면 제품을 만드는 데 들어가는 경비와 시간이 더 늘어난다. 실패했을 때의 리스크도 크다. 그러나 기술이 발전하고 '필요'에 의한 소비보다 '욕망' 자체를 자극하는 소비가 대두되면서 색을 사용하는 시도가 늘고 있다. 특히 소비를 통해 자기만의 정체성을 확인받으려고 하는 젊은 세대의 경우, 색은 그들의 다양한 정체성을 표현하고 만족시키기 가장 쉬운 방법이다.

저렴한 제품이 고급화를 추진할 경우, 색은 급속한 가격 변화를 받아들이게 하는 기능을 하기도 한다. 모나미가 대표적인 경우이다. 창업 당시 100원짜리 '국민 볼펜'이었던 모나미는 디지털 시대

삼성전자는 컬러를 이용해 1인 가구에서부터 다인 가구에 이르기까지,
2030부터 4050까지 자기의 취향에 맞게 다양한 냉장고를
맞춤 선택할 수 있게 했다. 냉장고에 대한 새로운 수요를 만들어낸 것이다.

를 맞아 매출이 급감했지만, 고급 볼펜을 내놓으며 흑자로 전환했다. 새롭게 겨냥한 소비층은 젊은 세대로, 볼펜에 비비드나 파스텔펄 같은 색상을 도입하고 한정판 판매 전략을 내세웠다. 과감한 색의 사용이 가격에 대한 고정관념을 흔든 것이다.

여름 음료가 겨울 음료가 되다

색을 이용해 새로운 소비자와 새로운 소비 방식을 만들어낼 수 있듯이, 색으로 제품이 소비되는 시간을 늘일 수도 있다. 『코카콜라는 어떻게 산타에게 빨간색 옷을 입혔는가?』라는 책에는 코카콜라가 색을 이용해 소비 기간을 연장한 사례가 등장한다.

탄산음료 코카콜라의 매출은 주로 여름에 몰려 있다. 추운 겨울에는 매출이 급격히 하락하기 마련이었다. 이를 고민하던 코카콜라는 1920년 새로운 광고 마케팅을 시작한다. '겨울에도 코카콜라를 마시게 하는 법'을 고안한 것이다.

이 광고에 등장하는 산타클로스는 코카콜라를 연상케 하는 흰색 털이 달린 빨간색 외투를 입고 커다란 벨트를 맸다. 그 전만 해도 뚱뚱하고, 빨간색 옷을 입고 다니는 산타클로스의 이미지는 없었다. 오늘날 우리가 떠올리는 산타클로스 이미지는 코카콜라의 마케팅을 통해 만들어진 것이다. 광고 캠페인 초기에는 선물을 배달한 후에 코카콜라를 마시며 쉬는 산타가 등장했고, 후기에는 선물 배달로 피곤한 산타를 위해 어린이들이 양말 옆에 코카콜라를 두는 모습이 등장했다. 이 광고 시리즈는 크게 성공했다. 색상이 브랜드 인지뿐만 아니라 광고 캠페인에까지 확장 가능함을 보여준 것이다.[i]

이 광고로 코카콜라는 더울 때 마시는 탄산음료가 아니라, 추운 겨울에도 마시는 사시사철 음료로 인식되었다. 이와 같은 마케팅 방식은 아직도 코카콜라에 남아 있다. 코카콜라는 항상 크리스마스 시즌만 되면 대대적인 광고를 한다. 친구, 연인, 가족들이 함께 모여서 즐거움을 나누는 날에 마시는 음료임을 계속 환기시킨다. 당연히 광고에 등장하는 사물, 사람, 캐릭터는 모두 코카콜라를 연상시키는 빨간색 옷을 입고 있다.

여러 계절, 여러 기념일 등 특정 시즌을 상징하는 물건에 자기 브랜드나 자기 제품의 컬러를 입혀서 내놓으면, 그 시즌 기간 동안 소비를 더 늘일 수 있다. 이러한 마케팅이 가능한 것도 색이 그 무엇보다 강력한 연상 작용을 가지고 있기 때문이다.

탄산음료 코카콜라의 매출은 주로 여름에 몰려 있다.
반면 추운 겨울에는 매출이 급격히 하락하기 마련이었다.
이를 고민하던 코카콜라는 1920년 새로운 광고 마케팅을 시작한다.

스타일은 곧 색이다

사람들은 끝없이 새로운 것을 찾고 더 멋있어 보이는 것을 찾는다. 똑같은 기능을 가진 제품이라 하더라도 모양이 더 예쁜 것을 선호한다. 디자인이 곧 마케팅이 되고, 기획이 되고, 경영 전략이 되는 것도 이 때문이다. 그런데 결국 좋은 디자인을 한다는 것은 색을 잘 쓴다는 것에 다름 아닐 때가 많다. 똑같은 제품이라 해도 색이 어떻게 나오느냐에 따라 관심을 끌지 않던 제품에도 눈길이 가기 때문이다.

심리학 박사이자 컬럼비아대학교 경영대학원 교수인 번 슈미트(Bernd Schmitt)는 체험 마케팅 분야의 전문가로 잘 알려져 있다. 번 슈미트는 고객 만족의 의미는 '미학적 욕구'를 만족시키는 것이며, 이는 소수의 사람들 혹은 특정 제품에 한정된 욕구가 아니라고 말한다. 어떤 제품이든 미학적 요소가 주는 생동감으로 인해 고객 만족이라는 기회를 얻을 수 있으며, 미적인 만족에서 오는 고객 만족도와 애호도는 기업과 고객 모두에게 이익을 가져다준다는 것이다.

《뉴욕 타임스》의 경제 칼럼니스트인 버지니아 포스트렐(Virginia Postrel)은 앞으로는 '디자인의 시대'라는 표현만으로는 설명하기 부족하다고 강조하며 '스타일의 시대'라는 말을 제안했다. 그런 관점에서 볼 때 소비자가 "이게 내 스타일이야"라고 말하는 데 있어 "이게 내 컬러야"라는 표현보다 더 쉽고 강력한 방법은 없다. 모양으로 차별화하기보다는 색을 사용해 차별화하는 것이 훨씬 더 빠르고 쉽다.[ii]

소비자가 "이게 내 스타일이야"라고 말하는 데 있어
"이게 내 컬러야"라는 표현보다 더 쉽고 강력한 방법은 없다.

매일 가도 설레는
곳의 비밀

스타벅스가 색으로 매출을 올리는 법

컬러를 다룰 때 '바꿔야 할 컬러'와 '바꾸지 말아야 할 컬러'가 있다. 소비자의 기억에 오래 남기 위해서는 자기만의 고유한 색을 고수해야 하지만, 신선한 자극을 주기 위해 새로운 색을 더하는 것 역시 좋은 방법이다. 이 전략을 가장 잘 사용하는 대표적인 곳이 스타벅스다.

성공한 브랜드들은 대부분 자기만의 고유한 주제색을 가지고 있다. 스타벅스의 주제색은 초록색이고, 이 색상을 통해 사람들에게 자기 브랜드를 인식시키는 데 성공했다. 전 세계 사람들 누구나 길을 걸어가다 초록색에 하얀 글씨를 쓴 간판만 보이면 스타벅스일 것이라고 착각한다.

그러나 1971년에 시작한 스타벅스의 최초 로고는 갈색이었다. 검정색이나 갈색 로고를 쓰는 경향은 스타벅스뿐만이 아니라 다른 오래된 브랜드에서도 비슷하게 나타난다. 1950년대에 컬러 TV

가 등장하기 전까지의 브랜드를 보면 검정색이나 갈색 계열의 색을 쓴 로고가 많다. 지금은 오렌지와 빨간색을 사용하는 버거킹도 1954년 초창기에는 검정색 로고를 사용했다.

스타벅스 로고는 1971년에는 갈색 바탕에 흰색 글씨를 사용했다가, 1987년 스타벅스와 일 지오날레가 합병하면서 일 지오날레가 쓰던 초록색이 로고에 들어왔다. 진취적이고 혁신적인 느낌을 주기에는 갈색보다는 초록색이 훨씬 더 적절했다. 1987년 스타벅스의 로고는 검정과 녹색에 흰색 글씨로 바뀌었고, 2011년에 바뀐 세 번째 로고에서는 검정이 완전히 빠지고 녹색과 흰색만 남았다. 스타벅스의 CEO 하워드 슐츠(Howard Schultz)는 "우리는 왕관을 쓴 '스타벅스 요정'을 더 현대적으로 만들었다. 구태에 얽매인 듯한 갈색을 버리고 긍정적인 느낌을 주는 초록색을 선택했다"라고 말한 바 있다. [i]

30여 년 넘게 스타벅스는 '스타벅스 그린'이라고 불리는 편안하고 안정적인 초록색 이미지를 써왔다. 이 긴 세월 동안 같은 색을 유지하고 있음에도 불구하고 스타벅스의 인기는 식지 않는다. 스타벅스 매장은 여전히 가장 많은 소비자들이 찾는 곳이다. 수많은 프랜차이즈 카페들이 성공과 몰락을 반복하지만 스타벅스는 오랜 세월 그 명성을 유지하며 전 세계 사람들을 사로잡고 있다. 어떻게 스타벅스는 매일 가고 싶은 곳이 될 수 있었을까.

그 이유는 스타벅스가 자기 정체성 컬러인 초록색을 유지하면

성공한 브랜드들은 대부분 자기만의 고유한 주제색을 가지고 있다.
스타벅스의 주제색은 초록색이고, 이 색상을 통해
사람들에게 자기 브랜드를 인식시키는 데 성공했다.

서도, 동시에 매번 소비자들에게 새로운 컬러를 제시하기 때문이다. 스타벅스는 시즌 메뉴나 기획 상품의 컬러를 매우 자주 바꾼다. 3월 초가 되면 봄 행사를 가장 빨리 하는 곳이 스타벅스다. 초록색 매장에 봄을 상징하는 분홍색이 들어간 메뉴나 기획 상품을 진열하고, 매장 곳곳을 이를 상징하는 분홍 안내물로 가득 채운다. 분홍 음료, 분홍 굿즈, 분홍 포스터 등이 매장을 차지해 사람을 들뜨게 만드는 것이다. 한 달도 지나지 않아 4월이 되면 연둣빛으로, 6월이 되면 휴가철을 암시하는 파랑으로 채운다. 음료부터 굿즈에 이르기까지 새로운 컬러를 정하고, 이를 수많은 곳에서 반복한다. 매일까지는 아니어도 매달 스타벅스를 찾을 이유를 끊임없이 만들어내 지루할 틈을 주지 않는다.

많은 프랜차이즈 기업들이 스타벅스의 다양한 컬러 사용을 벤치마킹하고 있지만 스타벅스만큼 잘하는 곳은 없다. 그 이유는 스타벅스는 변화하는 계절의 메인 컬러를 제일 먼저, 제일 과감하게 많이 쓰고, 온오프라인을 가리지 않기 때문이다.

스타벅스의 시즌 컬러 사용은 온라인 사이트에서도 금방 확인할 수 있다. 크리스마스가 다가오면 스타벅스의 온라인 사이트는 시즌 컬러인 녹색과 빨강을 사용한 디자인을 선보이며 메인 화면 중심부터 압도한다. 크리스마스뿐만이 아니라 달마다, 때마다 새로운 시즌을 만들어내고 그에 맞는 색상을 내세운 메인 페이지를 보여준다. 스타벅스의 온라인 사이트가 매번 들어갈 때마다 변화가 많다고 느껴지는 것은, 이렇게 시즌 컬러를 적극적으로 사용하기 때문이다. 반면 다른 기업은 기존 사이트의 디자인을 그대로 유지하면서, 별도의 이벤트 페이지 같은 곳에서 시즌 상품을 보여주는 방식이다. 이런 사이트에 굳이 매일 들어가서 구경할 필요는 없지 않을까.

꽃보다 봄을 더 빨리 느끼게

스타벅스 사례에서 보듯이 오래된 브랜드나 매장에서 계속 같은 주제색을 쓰면서도 지루함을 주지 않고 지속적으로 사람들을 끌어당기기 위해서는, 주제색은 유지하되 시즌 컬러로 변화를 느끼게 하는 방법이 효과적이다.

그러나 인테리어를 쉽게 바꿀 수 없는 소규모 오프라인 매장의 경우 시즌 컬러를 잘 사용하기가 쉽지 않다. 매번 굿즈를 만들 수도 없고, 벽에 페인트칠을 할 수도 없는 법이다. 어떻게 하면 기존의 인테리어를 유지하면서 변화를 느끼게 할 수 있을까.

'변화하는 컬러'를 쓸 때 중요한 원칙은 바로 반복이다. 봄을 느끼게 하는 분홍빛 제품을 몇 개 만들어서 매장 입구에 진열한다고 사람들이 계절감을 느끼는 것은 아니다. 아무리 튀는 색상이라고 해도 고객과 커뮤니케이션하는 횟수가 충분하지 않다. 사람들은

스타벅스는 항상 변화하는 계절의 메인 컬러를
제일 먼저, 제일 과감하게 많이 쓴다.

그 시즌 컬러를 인지하지 못한다. 그렇다면 시즌 컬러는 어떻게 얼마나 반복해야 할까. 우선 한 공간, 한 사이트에 들어갔을 때 여섯 번 정도는 그 컬러를 볼 수 있어야 사람의 머릿속에 인지된다. 최소한으로는 세 번이다.

보여주는 방식은 어때야 할까. 오프라인 매장이라면 봄맞이 세일을 알리는 큰 사이즈의 분홍 포스터를 쇼윈도에 붙인다. 밖에서도 멀리서도 볼 수 있게 만드는 것이다. 고객이 멀리서 컬러를 보고 따라 들어오면, 그다음으로 시선을 끄는 곳에 같은 컬러를 쓴다. 예를 들어 흔들리는 분홍빛 배너를 만들어서 천장에 붙이는 것이다. 배너가 흔들릴 때 사람의 동공이 같이 흔들리며 그 이미지를 뇌에 저장한다. 다음으로는 바닥에 분홍빛 안내 스티커를 붙인다. 사람들이 발걸음을 옮겨가며 그 색을 반복해서 보게 된다. 이처럼 여러 곳에서 여러 형태로 보여주는 것이 반복이다. 이렇게 하지 않으면 아무리 멋진 색을 쓰고 특별한 시즌 상품을 만들어 보여준다고 해도 고객이 변화를 충분히 느끼기 어렵다.

'말린 장미' 색의 매력

변화를 주는 컬러를 쓸 때는 그 색을 상징하는 무늬, 패턴, 상징물과 같이 쓰는 게 효과적이다. 봄이라고 분홍, 여름이라고 파랑만 사용하는 게 아니라 분홍을 벚꽃 모양과 같이 쓰거나, 파랑을 파도 모양과 같이 쓸 때 사람들은 색을 더 잘 느낀다. 특히 자연의 상징물과 관련된 색이 효과적이다.

원래 색은 자연에서 온 것이다. 인간이 색의 가짓수를 늘려온 방식만 봐도 알 수 있다. 가장 대표적인 예가 오렌지색이다. 오렌지색은 오렌지라는 과일이 유럽에 수입되기 전까지는 이름이 없었다. 오렌지는 서아시아 쪽에서 재배되던 작물로, 이슬람 세력이 팽창하면서 스페인을 정복하던 시기에 유럽에 소개되었다. 영어 단어 오렌지(orange)는 프랑스어에서 온 것이고, 1540년이 되어서야 이 단어가 영어에서 '주황빛'을 의미하게 됐다.

마찬가지로 코발트색이나 진주빛 등도 모두 다양한 자연물에서 인간이 발견해 색 계보에 이름을 올린 것이다. 올리브색은 녹색에 가깝지만, 올리브를 실제로 본 다음부터는 녹색과 전혀 다른 색으로 인식한다. 색의 세계가 세분화되고 발달하면서, 색 배합을 통해 본 적 없는 색을 인위적으로 만들어내기도 한다. 하지만 색은 보통 자연에서 발견된다고 해도 무방하다.

때문에 사람은 색을 보면 그 색이 어떤 사물에서 왔는지 생각하려고 한다. 이러한 연상 작용을 역으로 잘 이용하면 컬러 커뮤니케이션을 할 때 훨씬 더 좋은 효과를 발휘할 수 있다.

코로나19로 다양한 컬러의 고급 마스크들이 등장했는데, 한 코스메틱 회사에서 '말린 장미' 색깔 제품을 출시했다. 얼굴을 더 화사하게 보이도록 도와주는 다양한 컬러의 '톤 업' 마스크를 출시하면서, 그중 한 제품의 색상 이름을 그렇게 붙인 것이다.

세상에 매력적인 색이 수없이 많지만, 우리가 자주 접하는 색이 아닐 경우 그 이미지를 머릿속에 강력하게 집어넣기는 어렵다. 이름을 잘 모르는 색이면 더욱 그렇다. 아무리 멋진 색이어도 자주 보던 게 아니면 "아, 무슨무슨 색과 비슷한 그 제품 있잖아"라고 말하게 된다. 이러면 아무리 멋진 색을 사용해 제품을 만들었다고 해도 소비자에게 즉시 인지시키기 어렵다. 이를 해결하는 방법이 자연물에서 이름을 따오는 것이다. 앞서 소개한 마스크 제품의 경우 '말린 장미'라는 사물의 이름을 붙여 색깔을 인식시켰다. '말린 장미'라는 색이 정확하게 어떤 색들의 조합으로 만들어졌는지는 몰라도, 우리 머릿속에 '말린 장미'라는 이미지는 분명하게 존재하기 때문이다.

특히 시즌에만 쓰는 '변화하는 컬러'는 주제색처럼 지속적으로 쓰는 색이 아니라, 잠깐 사용하는 색이기 때문에 더 빠르고 강하게 인식시키지 못하면 효과를 보기 어렵다. 그 효과를 높이기 위해 시즌 컬러는 시즌을 상징하는 사물의 모양이나 이름을 같이 사용하는 것이 훨씬 효과적이다.

왜 모두 흰 운동화를 좋아할까

다양한 색을 사용하여 소비자와 다양한 커뮤니케이션을 하고 싶은데, 도저히 무슨 색을 써야 할지 모를 때도 있다. 이럴 때 등장하는 색이 화이트와 블랙이다. 사람이 지쳐서 잠시 멈추고 싶을 때는 흰색이 유행한다. 다시 에너지를 얻고 새롭게 시작하고자 할 때는 검정색이 유행한다.

흰색은 사실 색이 '없는' 상태를 말한다. 때문에 흰색을 주제색으로 사용하는 브랜드는 찾아보기 힘들다. 그러나 흰색은 오래된 제품을 새롭게 느끼게 하고 싶을 때, 오래된 브랜드에 생동감을 주고 싶을 때 사용할 수 있다. 그건 흰색이 가지고 있는 '새로운 시작'이라는 의미 때문이다.

흰색 스니커즈는 남녀를 불문하고 항상 인기 있는 아이템이다. 왜 흰색 운동화는 언제나 인기가 많을까. 운동화는 쉽게 더러워지는 물건인데, 그런 운동화가 새하얗다는 건 갓 새로 샀을 때뿐이다. 흰색이 언제나 '새 신발'을 신고 싶어 하는 사람의 욕망을 강렬하게 자극하는 것이다.

신제품이 출시될 때마다 전 세계 소비자들을 흥분시키는 나이키는 대표 상품인 '에어맥스 90'의 30주년을 기념하며 '에어맥스 90 플라이이즈'를 출시했는데, 이때 선택한 색도 '트리플 화이트'였다. 눈이 부실 정도로 새하얀 흰색을 사용해 신제품, 한정판이 흰색 스니커즈는 남녀를 불문하고 항상 인기 있는 아이템이다.
왜 흰색 운동화는 언제나 인기가 많을까.
운동화는 쉽게 더러워지는 물건인데, 그런 운동화가
새하얗다는 건 갓 새로 샀을 때뿐이다.

라는 매력을 강하게 어필했다.

브랜드에 변화를 주는 방법에 반드시 역동적인 방향만 있는 게 아니다. 새 출발, 리셋, 원점에서 다시 시작 등과 같은 방향도 고객에게 충분히 변화로 느껴진다. 이럴 때 흰색을 사용하는 것은 좋은 방법이다.

다만 매장 인테리어나 온라인 사이트에서 흰색을 이용해 고객에게 이와 같은 느낌을 주는 것은 쉽지 않다. 왜냐하면 흰색은 기본적으로 '바탕색'이기 때문이다. 다른 색과 같이 어울리면 흰색은 고유의 성질을 잃어버리고 다른 색의 배경이 되어버린다. 때문에 '변화하는 색'으로 흰색을 쓸 때는 주로 제품에 한정해서 쓰는 것이 바람직하다.

그 빵집이 계속 색을 바꾸는 이유

다양한 색을 사용하지 않고 한 가지 색을 고집한다고 해도, 그 색 안에서 변화를 주는 방법도 있다. 코카콜라의 빨간색도 그동안 변하지 않은 것 같지만 사실은 미묘하게 변화해왔다. 1970년 코카콜라는 '더 밝은' 레드로 주제색을 바꾸었다. 코카콜라는 이러한 미세한 색 조정치를 '제2의 레시피'로 부르고 기밀처럼 관리한다고 한다. 오래된 음식점의 음식 간이 세대를 넘어가면서 조금씩 싱거워지듯이, 브랜드의 주제색 또한 변화하는 시대와 세대의 감수성에 맞게 조정해갈 때 계속 매력적으로 보일 수 있다.

자기 브랜드의 색 조정을 잘하는 대표적인 브랜드로 파리바게뜨가 있다. 파리바게뜨는 오랜 세월 주제색으로 파란색을 쓰고 있지만, 기업의 콘셉트와 포지션이 변화함에 따라 색을 바꿔왔다. 파리바게뜨는 1988년 첫 매장을 오픈한 이래 현재 3,400개 매장을 보유하고 있는, 대한민국에서 가장 큰 제빵 브랜드로 꼽힌다. 파리바게뜨라는 브랜드 이름은 빵의 종주국인 프랑스 못지않은 맛을 보여주겠는 의미를 담은 것으로, 프랑스를 대표하는 빵인 바게뜨에서 가져왔다. 브랜드의 주제색 또한 프랑스 국기에서 가져왔다. 프랑스 국기는 파랑, 하양, 빨강의 삼색으로 구성되어 있는데 이 중 파란색을 가져온 것이다. 파리바게뜨의 파란색은 코발트 블루 계열의 짙은 파란색으로, 미술 작품에서 많이 사용하기도 한다. 이 파랑은 에펠탑 모양의 로고와 어우러져 이국적이며 부유하고 예술적인 분위기를 자아냈다.

파리바게뜨는 2000년대 들어 매장 안에서 빵과 음료를 함께 판매하는 베이커리 카페 콘셉트를 시도하고, 이즈음에 주제색을 짙은 코발트 블루에서 녹색빛이 들어간 '색슨 블루' 컬러로 바꾼다. 차가운 느낌에서 따뜻한 느낌을 보강해, 따뜻한 커피와 함께 빵을 먹을 수 있는 곳이라는 인상을 주려는 시도였다. 또한 보조색으로 오렌지색을 사용하기 시작했다. 오렌지색이 가진 젊고 대범한 분위기가 베이커리 카페라는 시도를 더 신선하게 느끼도록 만들었다. 2009년에는 보조색인 오렌지색이 빠지고 주제색인 파랑을 더 밝은 톤의 '세룰리언 블루'로 바꾸었다.

2017년에는 로고에서 에펠탑을 빼고, 파리바게뜨라는 단어에서 알파벳 P와 B를 합쳐 중앙에 배치했다. SPC그룹은 1986년 파리바게뜨를 시작한 이후 총 여섯 개의 로고를 선보였는데, 에펠탑 모양을 드디어 뺀 것이다. 파리바게뜨가 국내 1위 프랜차이즈 브랜드가 된 만큼 프랑스 제빵을 좇겠다는 느낌을 주는 로고나 단어는 더 이상 필요하지 않게 되었다. 이때 또 한 번 색의 변화를 주는데 더 어둡고 고급스러운 '로열 블루'로 바꾸었다.

로열 블루는 프랑스 왕실이 지정한 귀족 컬러이다. 파리바게뜨가 온 동네에 있는 '국민 빵집'이긴 하지만, 점점 고급화되는 제빵계의 추세를 생각할 때 더 고급스럽게 소비자들에게 다가가려는 노력을 주제색 변화로 보여준 셈이다.

이처럼 한 브랜드가 자기 가치를 꾸준히 유지하기 위해서는 지속적인 변화가 필수적이다. 그 변화를 색으로 표현하면 소비자들은 훨씬 더 직관적으로 느낀다.

이런 사례는 다양하게 응용될 수 있다. 내 브랜드가 신생 기업으로 출발할 때, 다른 종류의 콘셉트를 시도할 때, 1위 자리에 올라섰을 때, 떨어지는 가치를 더 높이려고 할 때…. 그때마다 소비자들과 비주얼 커뮤니케이션을 하는 과정에서 색의 변화를 시도해보자. 같은 주제색의 범위를 유지하면서도 변화하는 시대나 유행에 뒤처지지 않고, 항상 신선한 느낌을 줄 수 있다.

더 빨리 나가도록, 더 오래 머물도록

시간을 조종하는 색의 힘

2008년 방송사 EBS에서 진행한 '빨간 방과 파란 방'이라는 실험이 있다. 이 실험에서는 사람들을 두 그룹으로 나누어 모두 빨간색으로 칠해진 방과 모두 파란색으로 칠해진 각각의 방에 들어가게 했다. 그리고 20분이 지난 것 같으면 방에서 나오라는 미션을 준다. 어떤 결과가 나왔을까. 빨간 방에 들어간 사람들은 대부분 14~17분쯤 됐을 때 방을 나왔고, 파란 방 사람들은 21~27분 정도 지났을 때 나왔다.

방 안에 있을 때의 모습도 달랐다. 빨간 방 사람들은 서로 이야기를 나누거나 하지 않고 긴장한 모습이었다. 파란 방 사람들은 인사도 나누고, 수다도 떨고, 편하게 눕기도 하는 등 20분이 지나서도 나올 생각을 좀처럼 하지 않았다.

이런 결과가 나온 것은 빨간색이 사람을 긴장시키기 때문이다. 긴장을 하면 5분도 지나지 않았는데 10분이 된 것처럼 느껴진다.

반면 파란색은 사람을 편안하게 만든다. 좋아하는 사람과 편하게 수다를 떨다 보면 시간이 후딱 가버린 것과 비슷하다. 이를 응용하면 어떻게 될까. 회의를 빨리 마치고 싶으면 빨간 방에서 하면 된다. 시간이 별로 걸리지 않는 일인데도 길게 느껴지게 하고 싶으면 빨간색을 곳곳에 활용하면 된다. 영화제와 같은 행사장에 까는 빨간색 카펫은 사람들을 흥분시키기도 하지만, 행사 시간을 더 길게 느끼게 하여 행사의 무게감을 더하는 효과도 있다.

고객을 오래 붙잡고 싶다면 차가운 색을

일본의 색채학자 노무라 준이치(野村順一)의 저서 『색의 비밀』에는 이와 유사한 실험이 소개되어 있다. 따뜻한 색은 시간을 길게 느끼게 하고 차가운 색은 시간을 짧게 느끼게 하는데, 색으로 인해 시간을 착각하는 정도가 크게는 무려 두 배나 차이가 날 수도 있다는 것이다. 똑같은 일을 해도 서로 다른 색의 공간에 있으면 누군가는 두 배나 일을 더 오래한 것처럼 느낄 수도 있다는 뜻이다. 이 원리를 적용해 노동 시간을 짧게 느끼도록 하기 위해서는 작업 공간에 파랑처럼 차가운 색을 쓰면 좋다고 한다.

패스트푸드 매장의 벽면이 빨간색인 것에 대해서는 빨간색이

따뜻한 색은 시간을 길게 느끼게 하고
차가운 색은 시간을 짧게 느끼게 하는데,
색으로 인해 시간을 착각하는 정도가
크게는 무려 두 배나 차이가 날 수도 있다.

식욕을 자극하기 때문이라는 해석이 많았다. 하지만 그보다는 빨리 먹고, 빨리 나가야 할 것 같은 기분을 느끼게 한다는 해석이 더 합리적이다.

이런 색의 작용을 이해하면 매장에 어떤 색을 쓰는 게 좋을지도 판단할 수 있다. 어떤 매장은 고객이 오래 머물러야 매출이 오르고, 어떤 매장은 회전율이 좋아야 매출이 오를 것이다.

예를 들어 어떤 행사는 5분을 해도 10분 동안 진행했던 것처럼 긴장이 느껴져야 만족도가 높아진다. 격식 있는 행사에 붉은 카펫을 까는 이유는 잠깐 동안이라도 더 긴장감을 높여서 마치 매우 긴 행사처럼 느끼도록 하기 위해서다.

강연 시에는 어떤 장소가 사람들을 더 집중하게 만들 수 있을까. 이때도 장소가 가진 색, 즉 빛의 컬러가 매우 중요하다.

한번은 강의를 하러 갔는데 장소가 예식장 홀이어서 깜짝 놀란 적이 있다. 바닥은 온통 붉은색 카펫으로 덮여 있고, 화려한 샹들리에의 어둡고 노란 조명이 홀을 가득 채웠다. 큰일 났다는 생각이 들었다. 이런 공간에서는 강의를 듣는 사람들이 쉽게 지칠 수밖에 없다.

항상 현장에 일찍 도착하기 때문에 여러 가지를 조정할 시간이 있었다. 일단 연단에 있는 붉은 카펫 위에 신부 대기실 소파 앞에 자리 잡았던 연회색 둥근 카펫을 옮겨 놓았다. 그러자 붉은색의 효과가 줄어들었다. 모든 조명을 다 켰지만 2,000켈빈의 노란 조명밖에 없었다. 다행히 홀에 창문이 있었다. 커튼을 모두 열자, 약간 흐린 날이지만 빛이 실내 안으로 들어왔다. 흐린 날 오후의 태양광은 6,000켈빈의 푸른빛이 돈다. 이 빛이 실내로 들어와 전체적인 밝기가 약 4,500켈빈 정도로 조정되었다.

강의에 집중하기 위해서는 5,000~6,000켈빈 정도로 푸른빛이 가미된 백색등이 가장 좋다. 하지만 이렇게 색과 빛을 조정하는 것만으로도 훨씬 나은 환경이 만들어졌다.

그런데 예식장처럼 연회를 하는 홀에서는 왜 자주빛이 도는 붉은 카펫과 어둡고 노란 조명을 쓰는 걸까. 짧은 예식이지만 정성스럽고 오래 치러지는 듯한 느낌을 주기 위해서다. 하지만 짧게는 한 시간, 길게는 두 시간 정도의 전문 강연을 하기에 이런 색과 빛으로 조합된 공간은 두 배 이상 지루하고 길게 느껴지도록 만든다. 집중력이 필요한 일이나 공부를 하는데 생각만큼 잘되지 않는다면 조명의 색깔부터 살펴보도록 하자.

요가 수강생이 늘어나는 매트 색깔은?

시간을 느끼는 정도가 색에 의해 달라지는 것에서 보듯이 색은 사람의 신체, 심리, 사고 등에 영향을 끼친다. 이에 대한 기본적인 이해가 있으면 사람들과의 비주얼 커뮤니케이션을 더 빨리, 더 효과적으로 할 수 있다.

이를 위해서 색채 심리학자 캐런 할러(Karen Haller)가 정의한 '심리학적 원색'이라는 개념을 이해하고 있으면 도움이 된다. 수없이 많은 색 중에서 인간에게 영향을 미치는 가장 기본적인 색에 대해 그는 다음과 같이 정리한다. 심리학적 원색은 네 가지인데 빨강, 노랑, 파랑, 초록이 그것이다. 각각의 원색들은 인간의 무엇에 영향을 미칠까.

빨강 — 신체에 영향을 미친다.

노랑 — 감정에 영향을 미친다.

파랑 — 지성에 영향을 미친다.

초록 — 신체, 감정, 지성의 균형을 의미한다.

네 가지 심리학적 원색의 기본 성질을 이해하면 나에게 맞는 컬러를 찾기도 편하다. 활동력을 강조하는 서비스나 제품의 경우에는 빨간색을, 지적인 능력을 높여줄 것 같은 제품에는 파란색을 쓰는 게 기본이다. 같은 업종이라 해도 어떤 측면이 부각되길 원하느냐에 따라 색을 다르게 쓸 수 있는 힌트가 된다.

사람의 마음과 몸을 편안하게 이완시키는 요가나 명상 콘텐츠를 제작하는 유튜버라면, 아무리 사람들의 눈에 빨리 띄고 싶다고 해도 자신의 주제색으로 빨강을 선택하면 안 될 것이다. 더 전문

네 가지 심리학적 원색의 기본 성질을 이해하면
나에게 맞는 컬러를 찾기도 편하다. 같은 업종이라 해도
어떤 측면이 부각되길 원하느냐에 따라
색을 다르게 쓸 수 있는 힌트가 된다.

적인 측면을 강조하는 유튜버로서의 면모를 강조하고 싶다면 노란 매트보다는 파란 매트를 사용하는 게 훨씬 더 신뢰감을 줄 수 있다. 똑같은 요가 업종이라고 해도 상대적으로 젊은 층을 겨냥하여 활기차고 유머러스한 느낌을 주고 싶다면, 주제색으로 파랑보다는 노랑을 활용하는 것이 훨씬 효과적이다.

심리학적 원색 개념을 이해할 때 주의할 점이 있다. 색에는 긍정적인 심리를 불러일으키는 면과 부정적인 심리를 불러일으키는 면이 모두 존재한다는 것이다. 어떤 색은 일방적으로 긍정적인 심리만 불러일으키고, 어떤 색은 부정적인 심리만 불러일으키는 것이 아니다.

신체에 영향을 미치는 빨강의 경우 활력을 불러일으키는 긍정적인 면도 있지만 분노를 쉽게 느끼게 만드는 부정적인 면도 있다. 노랑의 경우 낙천적인 감정을 불러일으키지만 과하게 사용할 경우 짜증을 불러일으킬 수도 있다. 지성에 영향을 미치는 파랑의 경우 뉴스 스튜디오에 배경으로 사용하면 논리적이고 명료해 보일 수 있지만, 음식물에 사용하면 맛없어 보이기 쉽다. 초록은 안정감과 조화로움을 느끼게 해주지만 과하게 사용하면 금방 지루함을 느낄 수 있다.

여러 가지 색을 과하게 쓴다고 해서 그 색이 가지고 있는 모든 효과를 얻을 수 있는 건 아니다. 여러 번 강조하지만 우선 주제색이 중요하다. 주제색을 정하면 그에 어울리는 바탕색과 보조색을 선정한다. 이 세 가지 색의 비율은 과하지 않아야 한다. 주제색을 더 많이 써야 할 것 같지만 그렇지 않다. 주제색이야말로 가장 '적게' 써야 한다. 황금 비율은 바탕색 70퍼센트 : 보조색 25퍼센트 : 주제색 5퍼센트이다. 이 기본 비율 안에서 적절하게 활용해야 주제색이 가지는 효과를 제대로 얻을 수 있다.

병원을 무서워하는 아이들이 얌전해진 이유

어느 소아청소년 내과에 갔을 때의 이야기이다. 그곳은 주제색을 노란색으로 정해 병원 내부의 벽을 온통 노란색으로 칠해놓았다. 병원을 무서워하는 아이들의 마음을 어루만지기 위해서 밝은 감정을 불러일으키는 노랑을 주제색으로 선정한 것은 좋았다. 하지만 색의 사용이 너무 과했다. 노랑은 밝은 기운을 주기도 하지만, 지나치게 많이 사용하면 사람을 예민하게 만든다. 안 그래도 참을성이 없는 아이들이 병원에서 진료 시간을 기다리기 더 힘들어하는 분위기가 된 것이다. 이럴 때는 어떻게 조정해야 할까. 지성의 힘을 지니고 있는 파란색을 함께 써주는 것이 좋다. 바닥에 파란색 매트를 깔거나, 파란색 테이블을 놓아서 차분한 기운을 더해주는 것이다.

이 병원처럼 색의 중요성을 강조하다 보니 주제색을 하나만 사용하는 경우가 꽤 있다. 물론 하나의 주제색만 사용하면 브랜드를 강렬하게 인식시킬 수 있다는 장점이 있지만, 서로 보완적인 두 가지 주제색을 함께 써서 성공한 케이스도 많다. 이케아는 노란색과 파란색을 같이 사용하고 환타는 오렌지와 짙은 초록색을 함께 사용한다.

던킨 도너츠는 주제색을 두 가지로 사용하는 대표적인 브랜드이다. 오렌지색과 핑크를 같은 비율로 사용하다가, 2019년 '도너츠'라는 단어를 없애고 '던킨'만 남기면서 오렌지색을 주제색으로 하고 핑크는 살짝만 남겼다. 예전부터 던킨 도너츠를 보면서 브랜드 컬러를 변경하면 좋겠다고 생각했었다. 따뜻한 계열인 두 색의 조합 때문에 너무 달고 칼로리가 높은 디저트라는 인식이 생길 수도 있기 때문이다.

두 가지 컬러로 주제색을 만들 경우에는 이케아와 환타처럼 상호 보완적인 보색을 활용하는 것이 좋다. 따뜻한 색 계열을 두 가지로 사용하거나, 차가운 색 계열을 두 가지로 사용하면 시각적 대비가 약하다. 고객의 뇌에 브랜드를 정확하게 인식시키기가 힘든 것이다. 주제색을 한 가지 색으로 정하지 못하고 두 가지로 쓸 때 이 점을 유의하면 색의 효과를 더 크게 볼 수 있다.

두 가지 컬러로 주제색을 만들 경우에는
이케아와 환타처럼 상호 보완적인 보색을 활용하는 것이 좋다.
따뜻한 색 계열을 두 가지로 사용하거나,
차가운 색 계열을 두 가지로 사용하면 시각적 대비가 약하다.

무난한 색이란 없다

색의 시대라고 하지만, 어떤 색을 사용해야 하는지를 결정하는 것은 쉽지 않다. 이 색을 좋아하는 사람들도 있겠지만 싫어하는 사람들도 있을 테니 말이다. 이럴 때에는 그냥 '무난한 색'을 사용하면 되지 않을까.

무난한 색은 어떤 색일까. 흰색, 회색, 연노랑, 베이지 같은 색이다. 이런 색들은 '심리학적 원색'과 거리가 멀어 특별하게 심리를 자극하지 않을 수도 있다. 캐런 할러는 이를 '중립적 색'이라고 부르는데, 그는 중립적 색이라는 건 일종의 편견이라고 말한다. 감정을 불러일으키지 않는 색이란 없다는 것이다. 빨간색보다 베이지색을 볼 때 상대적으로 감정의 변화가 적을 수는 있다. 그러나 '감정 변화가 적다'를 '마음이 가라앉는다'와 같다고 생각하는 것은 편견일 수 있다고 지적한다.

실제 현장에서도 이와 같이 착각하는 경우들을 종종 본다. 카페를 운영하는데 편안한 분위기를 만들겠다고 베이지색을 많이 쓰면 어떻게 될까. 도리어 매장의 분위기가 어떤지 그 정체를 알 수 없어 불편해질 수 있다.

무난하고 원만해 보이는 베이지색은 튀지 않지만 금방 질린다는 단점이 있다. 넓게 펼쳐진 사막 사진이나 영상을 보고 있으면 하품이 나오고 잠이 오는 것도 지루하기 때문이다. 베이지색을 오프라인 공간에서 넓게 쓸 때는 면을 분할해줘야 한다. 톤이 다운된 짙은 컬러의 소품이나 초록색 식물과 함께 배치해 베이지색 벽의 지루함을 덜고 포인트를 주는 것이 좋다.

제품의 특성상 무난한 색을 많이 쓸 수밖에 없는 기업도 있다. 침대 같은 것이 그렇다. 매트리스는 대부분 베이지색이거나 흰색이다. 이런 업종은 어떻게 색을 사용해 소비자들을 열광시킬 수 있을까.

몇 년 전 시몬스 침대가 성수동에 '시몬스 하드웨어 스토어'라는 팝업스토어를 개장했던 때의 일이다. SNS에도 수천 개 이상의 게시물이 올라오며 사람들이 많은 관심을 보이고 있었다. 매장에 방문해보니 제일 먼저 베이지색 건물에 붉은색 글씨가 눈에 들어왔다. 원래 시몬스의 로고는 짙은 갈색과 흰색을 사용했다. 팝업스토어 매장은 매트리스를 연상시키는 베이지에 생기를 더하는 빨강을 더해 외관을 만들었다. 네 평 남짓한 공간으로 들어가니 메인 제품인 침대가 없었다. 침대 하나 없는 침대 브랜드의 팝업스토어라니, 정말 재미있는 발상이었다. 대신 200여 종의 문구와 공구, 잡화류를 판매하고 있었다.

"흔들리지 않는 편안함"이라는 모토가 말해주듯, 소비자들에게 편안함을 전달하는 동시에 흥미를 느끼게 해야 하는 시몬스는 색으로 편안함을 전달한다. 동시에 여러 광고 마케팅에서 재미있는 요소들을 많이 사용하는 전략을 쓴다.

무난한 색을 쏠 때는 반드시
포인트가 되는 컬러를 같이 써야
고객에게 편안하게 기억되면서도
분명한 인상을 줄 수 있다.

2019년 서울영상광고제에서 수상한 시몬스의 '침대가 등장하지 않는 광고'에는 제품인 침대 없이 오로지 슬로건과 카피만 나온다. 이때 '보이지 않는 침대'의 편안함을 연상시키기 위해 광고의 메인 컬러를 베이지색으로, 시몬스라는 단어는 녹색으로 썼다. 이후에도 시몬스는 침대를 보여주지 않는 여러 광고를 만들었다. 남성 모델이 등장하는 광고에는 차분한 블루, 여성 모델이 등장하는 광고에는 차분한 핑크를 사용해, 제품이 없음에도 불구하고 편안한 느낌은 유지하되 블루와 핑크로 포인트를 더했다.

이처럼 무난한 색을 쓸 때는 반드시 포인트가 되는 컬러를 같이 써야 고객에게 편안하게 기억되면서도 분명한 인상을 줄 수 있다. 공을 들여서 브랜드를 만들고 브랜딩을 하는 이유는 고객의 기억 속에 우리 브랜드를 각인시켜 신뢰하게 만들기 위해서다. 그 첫 번째 단추인 컬러부터 각인시키지 못한다면 팔릴 기회를 포기하겠다는 것과 마찬가지이다. 색에 대한 호불호가 갈릴 게 두려워 무난한 색만 고집한다면 고객에게 기억될 기회를 놓치는 셈이다.

참을성 없는 소비자를 붙들려면

이제 소비자들은 제품과 서비스의 가성비만을 따지지 않는다. 가성비가 떨어져도 자신의 감정을 움직이는 것에 더 쉽게 지갑을 연다. 뒤에서 자세히 살펴보겠지만, 오늘날 마케팅이 성공하려면 넓은 고객층의 무난한 반응보다는 좁은 고객층에서 강렬한 반응을 먼저 일으켜야 한다. 왜 그럴까. 사람들은 하루 종일 기업으로부터 압박을 받는다. 온갖 문자, 이메일 푸시 알람을 받고, 유튜브에서 원하는 영상을 보기 위해서는 원치 않아도 꼼짝없이 광고를 봐야 한다. TV 방송에서는 광고가 나오면 채널을 돌렸다가 다시 돌아올 수도 있지만, 온라인에서는 광고가 끝날 때까지 기다려야 한다.

고객이 받는 피로감도 높아졌다. 광고 효과가 떨어지는 것은 이 때문이다. 할 수 있는 방법은 진심으로 고객과 커뮤니케이션을 하는 것뿐이다. 커뮤니케이션은 어렵지 않다. 쉽게 말하면 '기분을 좋게 만드는 일'이다.

이미 성공한 오프라인 매장들은 이 법칙을 알고 있었다. 우리 매장에 들어온 사람들을 어떻게 하면 단숨에 기분 좋게 할 수 있을까. 고객에게 '빨리 사지 않으면 안 될 것 같아'라는 심리를 어떻게 불러일으킬까. '여기에 오래 머물고 싶다'라는 심리를 어떻게 불러일으킬까. 그때 쓰는 기본 방법이 바로 '색'이다. 아름다운 색색의 꽃을 보고 인상을 찡그리는 사람이 없고 초록 숲을 보고 마음이 편안해지지 않는 사람이 없듯이, 색은 '말하지 않아도' 말하는 소통의 도구라 할 수 있다.

어떻게 하면 내 매장이, 내 사이트가 혹은 내 제품과 내 광고가 사람들에게 친밀하게 빨리 다가갈 수 있을까. 사람들을 흥분시키고 매혹시킬 수 있을까. 빨간 방으로 사람을 유혹할지 파란 방으로 사람을 유혹할지는 각각 다르겠지만, 분명한 점은 무난한 흰색 방으로는 누구도 유혹할 수 없다는 것이다.

그곳의 커피는 왜
더 맛있게 느껴지나

오감을 속이는 색의 비밀

여러 종류의 맥주가 다양하게 소비되는 시대가 되었다. 이른바 '국민 맥주'의 자리를 누가 차지하느냐를 놓고 각 나라의 주류 기업들은 치열한 경쟁을 벌인다. 새로운 맥주가 출시될 때면 각 기업마다 사활을 걸다시피 마케팅과 광고를 쏟아붓는다. 대성공을 거두기도 하고, 야심차게 출시되었으나 얼마 못 가 사라지는 제품도 있다.

하이트진로의 '테라'는 주류 시장에서 색을 이용해 성공을 거둔 좋은 사례다. 출시 5개월 만에 2억 병이 판매된 테라는 국내 맥주 중에서 최단 판매 기록을 세웠다. 오스트레일리아 청정 지역에서 온 깨끗한 맥아를 사용하는 등 좋은 맥주를 만들기 위한 노력을 알리는 마케팅도 주요했지만, 테라가 녹색 병을 사용한 것도 고객의 마음을 빠르게 사로잡은 요인이었다는 데는 이견이 없다. 갈색 병에 담긴 맥주보다 젊은 소비자층의 감성에 더 잘 맞기도 한데,

무엇보다 맛에 미치는 영향이 크다. 초록색 병에 담긴 맥주는 갈색 병에 담긴 맥주보다 마시기도 전에 더 신선하고 깨끗하게 느껴진다. 색이 맛에 영향을 주는 것이다.

1936년에 탄생한 핀란드 유리 제품 브랜드 '이딸라'는 단순하기 쉬운 유리 제품에 독특한 질감의 무늬를 새기는 등 다양한 디자인을 만들어낸다. 전 세계 사람들에게 사랑받는 이딸라는 유리 제품임에도 불구하고 색을 잘 활용한다. 대부분의 브랜드에서 투명한 유리 제품을 출시하는 반면, 이딸라는 매년 올해의 컬러를 선정해 이에 맞는 신제품을 내놓는다.

이는 컬러를 사용해 '투명 유리잔'이 아닌 '색이 있는 유리잔'이라는 새로운 수요를 만드는 데에 일조한다. 보통 유리그릇은 차가운 음식을 담을 때에 사용하지만, 색에 따라서는 따뜻한 음식에도 어울릴 수 있음을 보여준 것이다. 상황에 따라 음식에 맞게 다양한 식기를 선택할 수 있도록 만든 것이다.

블루보틀의 라테는 특히 더 고소하다

흔히 맛을 느끼는 미각은 매우 예민한 감각일 거라 생각하지만, 의외로 다른 오감의 영향을 많이 받는다. 심지어 다른 감각에 비해 둔한 편이다. 사람이 정보를 받아들이는

이딸라는 매년 올해의 컬러를 선정해
이에 맞는 신제품을 내놓는다.

오감의 비중이 다른데 시각이 87퍼센트, 청각이 7퍼센트, 촉각이 3퍼센트, 후각 2퍼센트라면 미각 1퍼센트에 불과하다. 그만큼 미각은 속이기 쉽다는 뜻이다. 눈을 가리고 코를 막은 상태에서 양파를 씹으면 사과처럼 느껴진다는 사람도 있다.

그중 시각은 미각을 바꾸는 데에 엄청난 역할을 한다. 카페에 가보면 갈색 잔에 커피를 담는 경우가 거의 없다. 주로 흰색이나 검정색 컵을 많이 쓰고 있다. 그 이유는 무엇일까.

미국의 스페셜티 커피 체인인 '블루보틀'이 한국에 진출했을 당시, 사람들은 "블루보틀은 라테지"라며 다른 메뉴보다 라테에 큰 관심을 보였다. 라테가 유독 맛있어서 그런 것일까. 전문가들은 그 이유를 '컬러'에서 찾는다.

한 연구에 따르면 커피를 담는 컵 색에 따라서 사람들은 맛을 다르게 느끼는 경향이 있다고 한다. 컵 내부는 하얀색으로 통일하고 바깥은 빨강, 주황, 노랑, 초록, 검정, 흰색 총 여섯 가지로 다르게 했다. 컵의 모양과 용량 모두 동일한 상태에서 빨간색 컵에 담은 커피가 가장 단맛이 높게, 검정색 컵에 담은 커피가 단맛이 가장 낮게 평가됐다. 신맛은 노란색 컵이 가장 높고 초록색 컵이 가장 낮게 평가됐다. 쓴맛의 경우 검정색과 흰색이 높게, 주황색 컵에 담으면 가장 덜 쓰게 느꼈다. 짠맛과 감칠맛은 컵의 색깔과 큰 상관이 없었으며, 초록색 컵에 담은 커피는 향미가 풍부하게, 검정색 컵에 담은 커피는 상대적으로 향미가 덜하다고 나타

났다.[i]

해외에서도 커피잔의 색상과 맛의 상관관계를 알아내기 위해 많은 연구를 진행한다. 2014년 호주연합대학과 옥스퍼드대학 공동 연구진은 '컵의 색으로 커피의 쓴맛을 줄일 수 있다'라는 한 바리스타의 주장을 검증하는 실험을 했다. 실험 대상이 된 컵은 파란색 머그컵, 투명한 유리컵, 흰색 머그컵이었다. 제공하는 커피는 라테였다. 실험 결과 파란색에 컵에 담긴 라테가 가장 달콤하다고 반응했으며, 흰색 컵에서 쓴맛을 가장 많이 느꼈다고 했다. 투명한 유리컵에 마셨을 때는 향을 더 강하게 느꼈다. 우리 뇌는 커피의 갈색을 쓴맛이라고 인식하는데, 그런 커피를 흰색에 담으면 커피의 갈색이 더 돋보이게 되어 쓴맛을 많이 느끼게 된다. 반대로 파란색 컵은 갈색을 덜 돋보이게 만들어서 덜 쓰게 느껴지는 것이다.[ii]

이 연구 결과처럼 시각이 미각에 엄청난 작용하기 때문에 블루보틀의 파란색은 라테를 더 고소하고 맛있게 느끼게 만드는 요인이기도 하다. 만약 카페를 운영하고 있다면 음료의 종류에 따라 잔의 컬러를 정해서 제공하는 것도 좋을 것이다.

덧붙이면 미각은 연령에 따라 다르기도 하다. 아이들이 성인보다 더 미각에 민감하다. 나이가 들면서 혀에 있는 맛을 느끼는 감각세포 미뢰의 수가 감소하기 때문이다. 그렇기 때문에 연령대가 높은 고객을 상대하는 곳일수록 음식의 맛을 내는 것도 중요하지

시각은 미각에 엄청나게 작용한다
블루보틀의 파란색은 라테를 더 고소하고 맛있게
느끼게 만드는 요인이기도 하다.

만 식기, 테이블, 조명 등에 더 신경을 써야 충분히 '맛있다'고 느낄 수 있다.

'먹기 전에 이미 맛있어 보이게'라는 건 비주얼 브랜딩에서 수없이 강조하는 원칙이다. 그중 보색 대비는 음식의 맛을 더 강렬하게 느끼게 하기 위해 쓰는 방법이다. 빨간색 딸기를 초록색 포장지 위에 올려놓아 더 달고 싱싱하게 느껴지게 하는 것이다. 이러한 색의 대비도 중요하지만, 그보다 기본 원칙은 고객이 이 음식의 맛을 어떻게 느끼면 좋겠는지를 분명하게 결정하는 것이다. 그래야 맛에 맞는 색을 고를 수가 있다.

다크 초콜릿 제품의 포장지가 분홍색이면 그 짙은맛이 제대로 전달될 리가 없다. 아무리 20대 여성들을 위한 밸런타인데이 제품이라고 해도, '달지 않고 깊은 맛'을 느끼게 한다는 다크 초콜릿의 본질을 해치는 색을 선택하면 안 될 것이다.

적은 수의 손님만 받는 원테이블 방식의 매장일수록 식기의 색에 신경을 써야 한다. 흰색 식기에 담아내는 것은 유명한 대형 고급 레스토랑에는 어울릴지 몰라도, 더 특별한 느낌을 받고 싶어 하는 원테이블 매장에서는 색이 분명한 식기를 사용하는 것이 더 잘 어울린다.

제주도에 가면 자신만의 개성이 뚜렷한 작은 식당들이 많다. 그중 기존의 통념을 깨고 초밥 접시를 독특한 색의 식기에 담아내서 SNS에 자주 올라오는 곳이 있다. 보통 초밥집에 나오는 접시의 색은 검정색이거나 짙은 갈색이다. 어떤 초밥집에서 먹든 사진을 찍으면 다 비슷비슷한 이미지이다.

집아페라는 작은 초밥집은 미리 예약을 하지 않으면 가기 힘들 정도로 많은 사람들에게 사랑받는 곳이다. 이 집은 초밥을 선명한 핑크색 접시에 담아 내놓았다. 사진을 찍어 인스타그램에 올리면 여느 초밥집에서 찍은 사진들과 확실히 느낌이 달랐다. 남다른 컬러의 식기는 SNS에서 특별히 사랑받을 수 있는 요소다. 이렇게 식기의 색만 바꾸어도 고객의 시선을 끌고 사랑받을 수 있는 것이다. 작은 가게일수록 자신만의 컬러 취향을 분명하게 드러내는 것이 유리한 전략이다.

맛있는 색이 따로 있을까?

색이 맛을 좌우한다면 음식 자체를 '맛있는 색'으로 만들면 더 좋지 않을까. 실제로 그런 사례가 있다. 국민 음료인 '바나나맛우유'를 만드는 빙그레는 2019년 열대과일 리치와 복숭아를 섞은 '리치피치맛우유'를 겨울 한정품으로 출시했다. 여느 바나나맛우유처럼 반투명한 단지 모양의 용기는 그대로 썼지만, 우유 색은 붉은 산호빛이 나는 리빙 코랄을 사용했다. 리빙 코랄은 당시 세계적인 색채기업 팬톤이 선정한 '올해의 색'이기도 식기의 색만 바꾸어도 고객의 시선을 끌고 사랑받을 수 있다.
작은 가게일수록 자신만의 컬러 취향을 분명하게
드러내는 것이 유리한 전략이다.

했는데, 당연히 흰 우유보다 붉은빛이 나는 우유가 복숭아 향을 더 강하게 느끼게 할 것이 분명했다.[iii]

느끼게 하고 싶은 맛에 따라 음식의 색을 더 붉게, 더 하얗게 만들 수 있다. 육류의 경우 더 맛있게 보이게 하기 위해서 일부러 센 불에 조리해 겉면의 색을 짙은 갈색으로 올리기도 한다. 음식의 색을 올릴 때 피해야 할 것이 있다면 바로 검정과 파랑이다. 색에 대한 사람의 반응은 자연에서 기인한다. 검게 탄 음식, 파란색의 화려한 독버섯 등에서 오는 거부감은 인류의 경험에서 온 공통적인 반응이다. 다만 문화권에 따라 색에 대한 감각이 조금씩 다를 수 있다. 농심이 내놓은 '새우깡 블랙'을 보고 외국인들의 경우 처음에는 거부감을 많이 느낀다. 그러나 한국인들의 경우에는 상대적으로 거부감이 덜하다. 이는 우리가 즐겨 쓰는 식재료나 즐겨 먹는 음식 중에 검정색이 있기 때문이다. 한국인들은 간장을 즐겨 사용하고, 짜장면을 추억의 음식으로 맛있게 먹어온 기억이 있다.

사실 음식을 맛있게 느끼게 하는 데에는 색상보다는 '빛'이 더 중요하다. 그러나 그 빛에도 색이 있다. 식탁 위 보조등의 빛이 노란지, 흰지, 파란지에 따라 음식이 맛있게 보이는 정도가 다르다.

냉장고를 만드는 회사에서 신경 쓰는 것도 조명이다. 냉장고 문을 열었을 때 켜지는 조명이 어떠한가에 따라 안에 있는 음식 재료들이 달라 보이기 때문이다.

케이크 판매가 갑자기 늘어난 이유

카페 진열대에 있는 케이크와 샌드위치 등이 더 맛있어 보이려면 마찬가지로 색을 적극적으로 사용하는 것이 좋다. 똑같은 초콜릿 케이크가 더 진하게 보이려면 어떤 색을 바탕에 깔고 진열해야 할까. 진열대 안의 조명 색을 어떻게 바꾸는 것이 좋을까.

쇼케이스의 조명과 바탕색을 바꿔서 매출을 상승시킨 카페의 사례로 파스쿠찌가 있다. 약 140년의 전통을 이어온 파스쿠찌 매장은 리뉴얼을 통해 변화를 꾀했다. 가장 눈에 띄게 달라진 것은 샌드위치, 디저트 전용 쇼케이스였다. 이 쇼케이스를 전면으로 배치해 이탈리아 현지 카페의 모습을 재현했다. 쇼케이스의 크기만 키운 게 아니라, 쇼케이스 내부도 달라졌다. 음식을 돋보이게 만드는 바닥 색상과 위에서 음식을 빛나게 해주는 조명의 색상이 바뀌었다. 샌드위치가 진열되어 있는 구역에는 신선함을 부각하기 위해 푸른빛이 도는 흰빛을 4,500켈빈으로 맞추었다. 달콤한 디저트에는 노란빛이 부각되는 3,000켈빈의 빛을 썼다. 제품 하나하나 특장점에 맞추어 빛의 톤을 다르게 한 것이다.

조명뿐만 아니라 샌드위치와 디저트를 진열하는 그릇의 컬러도 달랐다. 딸기나 베리 종류로 만든 케이크는 흰 접시 위에 놓아서 빨간색과 보라색이 돋보이게 했고, 샌드위치는 잘 구워진 빵이 돋

보일 수 있도록 갈색 나무 쟁반에 올려놓아 한 끼 식사로도 충분히 든든하다는 시각적 신호를 보냈다. 색과 빛을 통해 더 맛있게, 더 고급스럽게 만드는 세심한 노력이었다. 당연히 매출이 훨씬 오를 수밖에 없을 것이다.

명품은 무거워야 잘 팔린다

색은 온도와 무게에도 영향을 미친다. 실제로 검정색보다 흰색이 실내를 더 시원하게 만든다. 미국 텍사스에서는 버스 지붕을 모두 흰색으로 칠해 여름의 차내 온도를 10~15퍼센트까지 낮춘 사례도 있다.[iv] 그렇다면 시원하게 먹어야 좋은 음식을 파는 곳에서는 테이블 색을 어떻게 해야 할까. 당연히 흰색 테이블을 써야 할 것이다. 곰탕을 끝까지 따뜻하게 먹는 느낌을 주고 싶다면 테이블을 짙은 색으로 쓰는 것이 좋다.

색은 무게에도 영향을 미친다. 똑같은 물건을 흰색과 검은색 포장지로 각각 싸면 검은색 포장지의 물건이 무려 두 배 정도 무겁게 느껴진다고 한다. 한 실험에서 100그램인 물건을 검은색으로 포장하고 187그램인 물건을 흰색으로 포장해 두 손에 들어보게 했는데, 사람들은 무게를 비슷하게 느꼈다.[v]

그래서 명품 브랜드의 쇼핑백은 대부분 짙은 색이고, 그중에서 색은 무게에도 영향을 미친다.
똑같은 물건을 흰색과 검은색 포장지로 각각 싸면
검은색 포장지의 물건이 무려 두 배 정도 무겁게 느껴진다.
그래서 명품 브랜드의 쇼핑백은 대부분 검정색이 많다.

도 검정색이 많다. 작은 핸드백을 하나 사도 포장해 오는 손이 무겁게 느껴져야 비싼 값을 지불한 마음이 더 뿌듯하게 느껴지는 것이다. 주얼리 매장에서는 상품을 담아주는 작은 쇼핑백으로 흰색을 쓰는 경우가 많다. 아무리 저가형 브랜드라고 해도 주얼리 제품이 저렴하게 보이면 선물을 받는 사람의 마음을 사로잡기 어렵다. 그렇다면 어떤 색을 쓰는 것이 좋을까. 자기 브랜드의 주제색을 사용하는 것이 가장 좋지만, 그게 어렵다면 적어도 검정색이나 짙은 색의 포장지와 쇼핑백을 사용하는 것을 추천한다. 제품을 사는 사람과 선물을 받는 사람 모두의 마음을 사로잡는 데에 효과적이다.

마스크 회사를 컨설팅했을 때의 일이다. 기존 마스크 제품은 포장에 흰색과 밝은 블루 톤을 활용해 숨 쉬기 편하다는 것을 강조했다. 하지만 새로 출시하는 제품은 기존보다 숨 쉬기는 30퍼센트 이상 편하면서 외부의 오염물질을 걸러주는 기능이 한층 업그레이드됐다는 특징이 있었다. 훨씬 향상된 기술력과 고품질을 포장에서 잘 부각시켜야 했다.

이에 기존의 밝은 파랑을 빼고 명품 제품에서 많이 사용하는 무채색으로 구성할 것을 제안했다. 흰색, 회색, 검정색을 포장에 사용하고 중앙에 금색의 선을 추가해 기술력이 한층 더 업그레이드된 고급 마스크임을 강조했다. 매출은 급상승했고, 지금도 그 디자인 그대로 많은 사람들에게 사랑받고 있다. 마스크 기술력이 좋은 기업이기에 당연히 많은 고객에게 선택받았겠지만, 그 선택을 더 빨리, 더 강력하게 유도하는 역할은 포장의 컬러가 맡는다. 고객이 컬러만으로도 가격과 품질의 차이를 느낀다는 것을 잊지 말아야 한다.

처음 본 브랜드가
믿음이 가는 이유

전문가들은 색도 다르게 쓴다

스키장에 가면 초급자에서 전문가까지 난이도가 다른 코스들이 있다. 이 코스를 구분할 때 어떤 색으로 표시하는지를 살펴보면, 우리가 색을 통해서 '쉽다' 혹은 '어렵다'를 판단한다는 것을 알 수 있다. 스키장에서 초급자 코스는 노란색으로 표시한다. 최고 난이도 코스는 검정색으로 표시한다. 짙고 어두운색일수록 어렵고, 옅고 밝은색일수록 쉽다고 느낀다.

태권도에서도 초급이 흰색이나 노란색 띠를 차고, 유단자로 갈수록 짙은 색을 쓴다. 검은색 띠가 최고수를 뜻한다. 이러한 구분은 전 세계적으로 공통된 경향을 보인다. 어떤 색을 통해 '어렵다'고 느낀다는 것은, 바꾸어 말하면 '전문적'이라고 느끼기도 한다는 의미이다. 색을 잘 사용하면 전문적으로 보이고 그로 인해 내 브랜드에 대한 신뢰를 높일 수 있다. 어떻게 활용하면 좋을까.

불안을 잠재우는 짙은 색의 마법

　　　　　　　　　미국의 밀키트 기업인 '블루 에이프런'은 2012년에 처음 등장했다. 반조리 식품을 많이 이용하는 시대가 되어 밀키트 기업이 늘어나고 있지만, 직접 장을 봐서 만들지 않았다는 점 때문에 소비자들은 기본적으로 불안할 수밖에 없다. 재료를 구입하는 과정을 본 적이 없으니 '과연 좋은 재료를 썼을까?'라는 점이 가장 불안하다. 그렇기에 먹거리와 관련해서는 더더욱 '신뢰'가 생명이다.

　블루 에이프런은 브랜드의 주제색으로 무엇을 선택했을까. 식욕을 불러일으킨다는 빨강이나 오렌지색을 썼을까? 아니면 깨끗한 재료를 상징하는 녹색을 썼을까? 당연히 브랜드명이 '블루 에이프런'이니 파란색을 썼음을 짐작할 수 있다. 블루 에이프런은 밝은 파란색이 아니라 짙은 '딥 블루'를 썼는데, 그 이유는 옅은 파란색보다는 짙은 파란색이 더 전문적이고 고급스러운 느낌을 주기 때문이다.[i]

　이는 앞에서 살펴본 것처럼 파리바게뜨가 로고 색으로 점점 더 짙은 파란색을 쓰는 것과 비슷하다. 예전에는 밥 대신 간단하고 싸게 먹을 수 있다는 게 빵의 장점이었지만, 이제는 좀 비싸더라도 좋은 재료로 만드는 고급스런 빵이 등장하는 시대이다. 파리바게뜨가 로고의 색을 짙게 바꾼 것도 국민 브랜드라는 신뢰를 더

블루 에이프런은 밝은 파란색이 아니라 짙은 '딥 블루'를 썼는데,
그 이유는 옅은 파란색보다는 짙은 파란색이 더 전문적이고
고급스러운 느낌을 주기 때문이다.

강화하면서 고급스러움과 전문적인 느낌을 주기 위해서였다. 블루 에이프런도 똑같은 전략을 쓴 것이다.

색의 짙고 옅음은 가격과도 관계가 있다.『사고 싶은 컬러 팔리는 컬러』라는 책에서는 영국 슈퍼마켓 브랜드들의 간판 색과 로고 색을 다음과 같이 비교한다. 영국의 슈퍼마켓 중에서 저가형 슈퍼마켓인 아스다는 밝은 그린을, 고가형 슈퍼마켓인 웨이트로즈는 더 진한 그린을, 그보다 더 프리미엄 브랜드를 추구하는 막스 앤드 스펜서는 블랙 컬러를 사용한다.[ii]

위의 사례로 같은 녹색이어도 옅은 녹색은 더 저가형으로, 짙은 녹색은 더 고가형으로 느껴지게 하는 효과가 있다는 것을 알 수 있다. 색의 변화를 통해 '비싸도 살 만한 물건'이라는 느낌을 더 극대화할 수 있다.

회색으로 매출을 다시 일으키다

농협 하나로마트 모 지점의 컨설팅을 담당했을 당시의 일이다. 전국에서 가장 맛있고 신선한 국산 제품만을 취급하던 이 지점은 오랜 기간 철옹성 같은 매출을 자랑했다. 소위 물건을 놓기만 하면 팔리던 시절이 있었다. 하지만 비슷한 제품을 판매하는 곳들이 많아지면서 매출 성장이 멈추고 구름처럼 몰려

오던 고객의 수가 급감했다.

현장 진단을 하기 위해 매장에 들어서는 순간 모든 것이 초록색임을 발견했다. 입구 간판부터 유니폼, 매대를 감싸는 천, 심지어 바닥도 초록색이었다. 주제색인 초록색이 공간의 50퍼센트 이상을 차지하고 있었다. 주제색을 바탕색처럼 사용하니 매장에 놓인 제품이 눈에 들어오지 않는 문제가 있었다. 초록색 바탕 위에 놓인 초록색 야채는 배경과 하나가 되어 눈에 들어오지 않았다. 가장 큰 문제점은 매대를 감싸고 있는 밝은 형광 연두색 커버였다. 그 밝은 색상으로 인해 매대 위의 모든 상품이 저렴하게 느껴지고 있었다.

매출을 올리고 싶다면 당장 바닥 컬러와 매대를 감싸고 있는 연두색 천부터 짙은 색으로 교체할 것을 제안했다. 바닥은 무채색 계열인 차분한 회색으로 교체했다. 단지 바닥을 무채색으로 통일했을 뿐인데 동선이 더 넓어 보이고 깔끔하게 정리된 느낌이 들었다.

상품보다 더 화려했던 밝은 연두색 매대 커버는 짙은 회색으로 톤을 다운시켰다. 상품을 돋보이게 하는 것은 물론, 훨씬 더 고급스러워졌다. 이후 매출은 성장했고 고객 수도 다시 늘어났다. 매장의 색을 바꾸는 것만으로도 효과를 볼 수 있는 것이다.

이처럼 고급스럽게 느껴지려면 '색상'도 중요하지만 '명도(밝고 어두움)'와 '채도(진하고 옅음)'가 중요하다. 기본적으로 노란색보다 오렌지색이 더 고급스럽게 보이지만, 어둡고 진한 정도에 따라 노란 고급스럽게 느껴지려면 '색상'도 중요하지만 '명도'와 '채도'가 중요하다.
기본적으로 노란색보다 오렌지색이 더 고급스럽게 보이지만,
어둡고 진한 정도에 따라 노란색이 더 고급스럽게 느껴질 수도 있다.

색이 더 고급스럽게 느껴질 수도 있다.

신생 기업은 어떤 색을 써야 하나

컬러를 정하는 일은 사실 매우 어렵다. 브랜드 컨설팅을 할 때도 색상을 정하는 데에서 가장 많은 고민을 하게 된다. 브랜드 컬러를 결정하는 기준은 무엇일까. 크게 세 가지이다. 브랜드의 핵심 정체성, 브랜드의 핵심 전략, 브랜드의 핵심 소비자와 결합되는지가 기준이다.

만약 유기농 식품을 배송하는 스타트업을 만들었다고 가정해보자. 주제색으로 가장 먼저 초록색을 떠올렸을 것이다. 그런데 이 기업의 핵심 전략이 '새벽 배송'이라면? 새벽을 연상시키는 색을 써야 한다. 새벽과 가장 가까운 색은 무엇일까. 검정색? 검정색은 밤의 색이지 새벽의 색깔이 아닐뿐더러, 식품을 주로 다루는 플랫폼이 검정색이면 세련된 느낌은 줄 수 있어도 활력이 떨어져버린다. 그렇다고 해가 떠오를 때를 연상시키는 노란색을 쓰면, 아침 배송일 수는 있어도 새벽 배송은 아니다.

바로 마켓컬리 이야기이다. 마켓컬리의 보라색은 왜 그렇게 강렬한가. '새벽 배송'이라는 핵심 전략을 연상시키는 색이기 때문이다. 또한 마켓컬리는 자신들의 소비자를 30대 중산층 주부로 잡았다. 온라인으로 물건을 시키는 데에 익숙하며, 더 싼 물건을 사려고 하기보다는 조금 비싸더라도 흔히 볼 수 없는 물건을 사려는 심리를 공략한 것이다. 보라색은 '고급'의 상징이다.

자신들의 핵심 전략, 핵심 소비자, 핵심 콘셉트를 맞춘 컬러가 '짙은 보라'였던 것이다. 만약 마켓컬리가 다른 색을 썼다면 어땠을지 한번 상상해보자. 연두색의 마켓컬리, 핑크색의 마켓컬리를 떠올렸을 때, 그 브랜드의 핵심 가치가 훼손되는 느낌이 든다. 보라색이 선택될 수밖에 없었다는 게 분명하다.

사람들이 색에 호감을 느끼는 것은 색상 자체가 예쁘다, 안 예쁘다에 달려 있는 게 아니다. 색을 통해 상호 커뮤니케이션이 되었다고 느낄 때 비로소 관심을 갖는다. 누구를 향해 어떤 내용으로 커뮤니케이션을 할 것인가. 이 과정을 가장 잘 전달하는 색을 내세울 때 사람들은 신뢰를 보내게 된다.

특히 신생 기업은 컬러 커뮤니케이션에 더 신경을 써야 한다. 기존의 브랜드들은 고객과 함께 쌓아온 시간과 경험이 있지만, 신생 기업은 고객과 함께 만들어온 경험이 없다. 그 경험을 빨리, 많이 쌓는 것이 결국 브랜드가 성공하는 비결이다. 신생 기업은 흐릿한 경험 백 번보다 강렬한 경험 한 번을 만들어내야만 한다. 때문에 새로 시작하는 기업일수록, 소규모의 기업일수록 도전적인 색을 써야 하고 자기 소비자들에게 맞는 색을 선택해야 한다.

패션 앱으로 성공한 퀸잇의 경우를 살펴보자. 퀸잇은 우아하고 세련된 스타일을 추구하는 40대 이상 여성을 위한 패션 앱으로, 백화점에 입점된 브랜드를 많이 보유하고 있지만 가격은 합리적이다. 퀸잇의 브랜드 컬러는 '로얄 퍼플' 계열의 보라색이고, 초창기 슬로건은 "여왕들의 선택"이었다.

퀸잇은 이 슬로건에 어울리도록 핵심 타깃의 연령층에 맞는 색으로 보라색을 선택했다. 만약 퀸잇이 다른 패션 앱 지그재그처럼 핑크를 주제색으로 선택했다면, 카카오처럼 노란색이었다면, 네이버처럼 초록이었다면 어땠을까. 아마 지금처럼 40~50대 여성 소비자들의 마음을 확 끌어당기지 못했을 것이다. 'Queenit'이라는 영문 브랜드명 뒤에 보라색이 아닌 다른 색이 있었다면, 기업명을 더 강렬하게 인식시킬 수 없었을 것이다.

퀸잇은 서비스를 시작한 지 2년도 되지 않아 패션 플랫폼 5위권에 진입한 데 이어 기업 가치도 2,000억 원대 규모로 커졌다. 이처럼 처음 시작하는 브랜드가 예전부터 알고 있었던 것처럼 친근하게 느껴지게 하려면 브랜드의 핵심 전략, 브랜드의 핵심 소비자에게 맞는 컬러 전략을 써야 한다.

그 카페에 굿즈가 많은 이유

컬러 커뮤니케이션을 강력하게 만드는 방법 중 하나는 다양한 굿즈를 활용하는 것이다. 카페 노티드는 자신만의 컬러를 이용한 다양한 굿즈를 만들어서 팬덤을 형성한 브랜드이다. 하루에 천 개씩 팔리는 완판 도넛을 만든 이곳도 처음에는 어려움이 많았다. 노티드는 2017년 케이크 파는 카페로 시작했지만 회전율 문제로 폐업까지 고려했다. 회전율을 높이기 위해 2019년 도넛 메뉴를 출시하면서, 금색과 짙은 녹색으로 고급스러움을 추구했던 기존 매장 분위기도 도넛 패키지처럼 밝은 분위기의 컬러로 바꿨다. 또한 다양한 캐릭터 상품을 출시해 지속적으로 자기 브랜드를 노출했다.

카페 노티드 창업자 이준범 씨는 "맛있는 건 기본이고, 손님들이 노티드의 밝은 분위기를 사랑해준 것 같다"라고 말한다. 보라색, 분홍색, 상아색 등으로 된 곰 모양의 캐릭터 역시 팬덤을 불러일으켰다. 그는 이 팬덤을 잘 유지하기 위해, 크게 수익이 나지는 않더라도 노티드를 아끼는 팬들을 위해 지속적으로 굿즈를 만들고 있다고 한다.[iii]

앞에서 시즌 컬러를 시즌 상징물과 함께 보여주는 게 좋다고 했듯이, 브랜드 컬러는 브랜드 캐릭터, 굿즈 등을 통해 더 많이 다양하게 노출하는 것이 좋다. 노티드처럼 캐릭터를 이용한 굿즈를 만들어도 되고 자기 브랜드만의 패턴을 사용해도 좋다. 물방울 패턴, 줄무늬 패턴, 격자무늬 패턴이 색상과 결합되면 더 다양한 컬러 커뮤니케이션이 가능하다.

처음 봤는데 친구처럼 느껴진다면

색은 신뢰감을 높이지만, 소속감을 높이는 데에도 사용된다. 언젠가 한 베스트셀러 작가가 SNS에 이런 말을 쓴 것을 보았다. "전국의 빨간 차 동호회 여러분 감사합니다. 여러분들이 응원해주셔서 제 책이 베스트셀러가 되었습니다. 주말 정기모임에서 뵙겠습니다." 이 동호회 사람들은 학연으로 연결된 것도 아니고 지연도 아니며, 오로지 빨간 차를 소유했다는 이유로 소속감을 느끼고 함께 모인다. 물건을 통해 연대감을 느끼는 경향은 예전에도 있었지만, 훨씬 더 강해지고 있다. 과거에는 학연, 지연 등과 같이 '주어진 소속감'이 중요했다면 이제는 각종 커뮤니티의 범람에서 보듯이 '선택한 소속감'을 더 소중하게 여기기 때문이다. 자신이 선택한 소속감이기 때문에 더 많이 표현하고 더 많이 자랑하고 싶어 한다. 이러한 욕구를 만들어내는 데에 색을 적극 활용할 수 있다.

특히 색은 사회적 이슈와 결합된 소속감을 드러내는 데에 효과적이다. 대표적인 예가 '핑크 리본'이다. 핑크 리본은 유방암 퇴치를 상징한다. 1991년 수전 G. 코멘(Susan G. Kommen) 유방암 재단은 유방암으로부터 생존한 사람들이 참가한 마라톤 대회에서 핑크 리본을 나눠주었는데, 이때부터 핑크 리본은 여성의 건강을 상징하게 되었다. 매년 10월이 되면 미국 뉴욕 곳곳에서 핑크 리본을 볼 수 있다. 여성들을 고객으로 하는 여러 기업에서 핑크 리본을 달고 수많은 제품들을 쏟아내기 때문이다. 기업들은 수익금의 일부를 유방암 치료비로 기부한다.

핑크 리본이 없었다면 여성 고객들이 소비를 통해 소속감을 확인할 수 있는 이와 같은 캠페인은 불가능했을 것이다. 핑크 리본이 성공하자 여러 의학단체들이 특정 질환을 상징하는 다양한 리본 캠페인을 만들어냈다. 레드 리본은 에이즈, 블루 리본은 전립선암, 퍼플 리본은 자궁경부암 등을 상징한다.

다른 리본들이 핑크 리본만큼 효과적이지는 않았던 이유를 생각해보는 것도 색을 잘 사용하는 기준이 될 수 있다. 색은 소속감을 강조하는데, 이는 '좋은 소속감'이어야 한다. 긍정적이고 사람들에게 보여주었을 때 기분 좋은 느낌이 들어야 한다. 뒤에서 살펴보겠지만 핑크는 신체적 건강을 의미하는 색이다. 병의 아픔보다는 병을 이겨낸 '건강한 여성'을 상징하기에 더 확산 가능성이 높다. 친근하게 느껴진다는 건 '기분이 좋고, 에너지가 느껴진다'는 의미이다. 때문에 소속감을 높이는 색은 차가운 계열보다는 따

색은 사회적 이슈와 결합된 소속감을 드러내는 데에 효과적이다.
대표적인 예가 '핑크 리본'이다. 핑크 리본이 없었다면 여성 고객들이
소비를 통해 소속감을 확인할 수 있는 캠페인은 불가능했을 것이다.

뜻하고 밝은 컬러가 좋다.

소속감을 무기로 시작한 스타트업 기업들을 보면 브랜드 컬러를 따뜻한 계열의 색상으로 정한 사례가 많다. 국내 최초로 독서 모임을 사업화한 '트레바리'는 따뜻한 오렌지가 주제색이다. 반면 다양한 독서 모임의 컬러를 보면 주로 지적인 느낌을 주는 파란색 계열이 많다. 독서는 '개인적 경험'이고 독서 모임은 '사회적 경험' 이라는 것을 트레바리는 알고 있었다. 혼자 하는 독서에서는 미처 이해하지 못했던 타인의 생각이나 자신이 무관심하게 여기는 영역에 대한 깨달음을 얻는 곳이 바로 독서 모임이다. 이러한 특성을 살려서 사회적 경험과 소속감을 강화하는 따뜻한 색 계열인 오렌지를 주제색으로 선택하고, 톤을 낮추어 지적인 느낌을 강조했다. "세상을 지적으로 사람을 친하게"란 트레바리의 슬로건에 맞는 컬러를 선택한 것이다.

최근에 마켓컬리에서 인수한 여성 커리어 성장 지원 커뮤니티 '헤이조이스' 역시 밝고 따뜻하며 에너지가 느껴지는 노란색을 주제색으로 쓰고 있다. 헤이조이스를 창업한 이나리 씨는 언론사 기자부터 논설위원, 대기업 임원, 스타트업 창업자까지 끝없이 도전해왔다고 한다.[iv] 30년간 일하는 여성으로 지내오면서, 그녀는 하루에도 수십 번씩 좌절하고 다시 긍정하며 일어섰던 마음을 담아 스타트업을 시작했다. 그런 긍정의 에너지를 상징하는 데에 주제색으로 쓰고 있는 레몬옐로우가 잘 어울린다. 이렇듯 커뮤니티 기

반의 소속감을 강조하는 브랜드의 컬러는 차가운 계열보다 따뜻
한 계열을 선택해야 더 끈끈한 유대감을 형성할 수 있다.

노인들이
젊어지는 곳의 비밀

사람을 미인으로 만드는 색

재미있는 실험이 하나 있다. 다 익지 않은 녹색 토마토를 하나는 흰색 천으로, 하나는 검은색 천으로 싸 놓으면 어느 쪽 토마토가 더 잘 익을까? 흔히 생각할 때 흰색은 빛을 반사하므로 흰 천을 두른 토마토는 안 익었을 것 같지만, 결과는 그 반대다.

색은 기본적으로 빛이고 파장이다. 흰색의 천은 모든 색의 파장이 통과한다. 반대로 검은색 천은 모든 색의 파장을 흡수해버린다. 이렇게 되면 흰 천의 경우 토마토가 익는 데에 필요한 빛이 천을 통과해서 토마토에 닿지만, 검은 천의 경우 모든 빛을 차단하기 때문에 토마토가 녹색인 상태로 그냥 시들어버린다.

우리가 자연 상태에서 보는 색은 모두 빛과 관련이 있다. 햇빛을 프리즘에 비추면 일곱 가지 무지개 색으로 표현되는 색 스펙트럼이 만들어진다. 색이란 결국 빛을 파장별로 나눈 것이다. 빨간색 조명이 우리의 눈을 강렬하게 사로잡는 것은 빨간색 빛의 파장이 가장 길어서 멀리 있는 사람의 눈에 먼저 들어오기 때문이다. 신호등에서 정지를 뜻하는 색이 빨간색인 것도 이와 관련이 있다. 가격 할인을 뜻하는 포스터에 빨간색을 쓰면 좋은 것도 가장 멀리서 눈에 띄기 때문이다. 가장 속도가 느린 것은 보라색이다. 할인 이벤트를 하는 포스터를 보라색으로 만들면 사람들의 주목도가 떨어질 것이다. 보라색을 써도 주목도를 끌려면 여섯 번 이상 반복해서 많이 쓰는 방법밖에 없다.

이처럼 색이 '빛'이라는 것을 이해하면, 색이 생물학적 반응을 불러일으킨다는 것을 과학적으로 이해할 수 있다. 잘 알고 있듯이 빛은 식물에 영향을 준다. 뿐만 아니라 빛은 사람의 신체와 마음에도 상당한 영향을 준다. 햇빛이 잘 드는 병실의 환자는 입원 기간이 짧고 진통제 사용도 적다는 연구 결과가 이미 많이 발표되었다.

이렇게 보면 병원에서 환자들이 입는 환자복이 왜 '흰색' 계열인지 이해할 수 있다. 빛이 가진 방사선이 피부에 닿으면 사람은 더 건강해지는데, 흰색은 그 빛을 다 통과시키기 때문이다. 감기에 걸렸을 때는 흰 속옷을 입는 게 좋다. 검정 속옷을 입으면 피부가 더 빨리 노화할지도 모른다.

병원에서 환자들이 입는 환자복이 왜 '흰색' 계열인가.
빛이 가진 방사선이 피부에 닿으면 사람은 더 건강해지는데,
흰색은 그 빛을 다 통과시키기 때문이다.

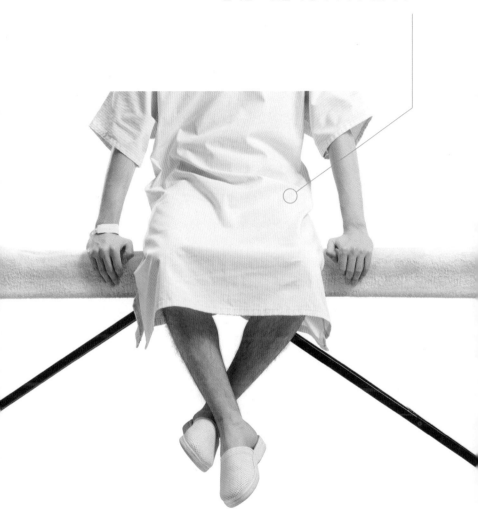

나이 들수록 밝은색에 끌린다

인간은 활기찬 기분을 느끼고자 할 때 어두운색보다는 밝은색을 가까이하는 본능이 있다. 때문에 사람이 나이가 들수록 차분한 색을 좋아할 것 같지만, 오히려 그 반대다. 회색, 검정, 갈색 등의 어두운색 옷을 입으면 자신이 더 나이 들게 느껴지고, 심리적으로 신체적으로 노화를 더 많이 느끼게 된다. 그러면 여러 가지 색 중에서 젊어지고 행복해진다는 느낌을 받는 색은 무엇일까. 바로 분홍색이다.

오래된 가게를 새롭게 변신시켜주는 방송 프로그램을 진행한 적이 있었다. 나이 든 여성들이 많이 찾는 미용실이 대상이 되었다. 미용실에 들어가니 내부가 온통 갈색과 검정색이었다. 새로운 집기를 구입하거나 인테리어에 대대적인 변화를 줄 수는 없었지만, 벽지와 미용실 의자 커버 등은 모두 분홍색으로 바꾸었다. 나이 든 분들이 오는 곳이라도 어둡게 꾸미면 오히려 고객이 줄어든다. 거울 안에 비치는 내 모습이 더 나이 들어 보이기 때문이다. 미용실 내부를 분홍색으로 바꾸는 것만으로도 찾아오는 고객이 활력을 느끼게 된다.

일본의 색채 심리 연구가 스에나가 다미오(末永蒼生)는 30년에 걸쳐서 아이들에게 자유로운 색채 체험을 제공해왔다. 그는 색을 통해 인간의 마음이 치유되고 창조성을 키울 수 있다는 것을 확인했다. 스에나가 다미오에 의하면 고령자들이 보통 탁하고 차분하고 안정된 색을 좋아할 것 같지만 실제로 그렇지 않았다. 80대, 90대 일지라도 의외로 선명한 색을 찾는 성향이 있다.

그의 이야기 중 인상 깊었던 것은 한 요양시설이 '색'을 이용해 입소자들의 마음을 사로잡은 일화였다. 요양시설의 경우 '자기 집'이 아니므로, 그곳에서 오래 지내야 함에도 불구하고 소속감과 애착을 가지기 어렵다. 색을 이용해 어떻게 이 문제를 해결했을까. 그 요양시설은 여러 개의 방을 여섯 가지 색으로 나누어 다르게 만들었다. 그리고 노인들이 입소할 때 자기가 좋아하는 색의 방을 고르게 했다. 그러자 들어오기 싫어하는 사람들이 줄고, 도리어 자기가 좋아하는 색의 방을 먼저 예약하는 일도 벌어졌다. 그중 가장 인기가 많았던 게 붉은색 계열의 방이었는데, 햇빛이 잘 안 드는 북향임에도 불구하고 대기자가 나올 정도였다고 한다.

색이 가지는 이런 성질을 생각한다면 고객층의 연령대가 높다고 해서 어두운색이나 어두운 조명을 사용하면, 도리어 고객을 쫓아낼 수도 있다는 것을 이해할 수 있다.

고령자들이 보통 탁하고 차분하고 안정된 색을 좋아할 것 같지만
실제로 그렇지 않다. 80대, 90대일지라도
의외로 선명한 색을 찾는 성향이 있다.

공부를 잘하는 색, 창의력을 높이는 색

색은 긴장을 풀어주고 마음을 차분하게 하고 집중력을 높이는 데에도 도움이 된다. 스터디카페를 운영하고자 한다면 어떤 색을 사용하는 게 좋을까. 창의력을 요구하는 마케팅 회사의 회의실은 무슨 색으로 꾸미는 게 좋을까. 집중력을 높여서 공부가 잘되는 색과 창의력을 높여서 아이디어가 술술 나오게 하는 색은 따로 있다.

캐나다 브리티시컬럼비아대학의 줄리엣 주(Julioet Zhu) 교수는 빨간색 혹은 파란색을 접했을 때 사람의 인지 능력이 어떻게 달라지는지를 측정하는 심리 테스트를 진행했다. 600명의 참가자들은 각각 빨간색, 파란색, 빨강과 파랑의 중간색으로 컴퓨터 배경화면을 설정한 후, 그 상태에서 단어나 그림을 놓고 작업을 했다. 실험 결과 빨간색은 사람의 주의력을 자극시켜 단어를 기억하거나 철자를 교정하는 등 세부적인 작업에 효과적이었다. 파란색은 창의력을 필요로 하는 작업에 효과적이었는데, 상상력이나 영감이 필요한 테스트에서 훨씬 좋은 성과를 나타냈다. 이 실험은 일에 따라 효율적인 컬러가 있음을 알려준다.

그렇다면 스터디카페에는 어떤 색을 쓰는 것이 좋을까. 보통 공부방에는 파란색 계열을 많이 쓰라고 하지만, 스터디카페는 빠르게 집중해서 공부해야 하는 곳이다. 주의력을 높여 단시간에 효율을 높여야 한다면 스터디카페 곳곳에 빨간색을 포인트 컬러로 사용하는 것이 좋다. 빨간색 그림을 액자를 걸어 둘 수도 있고, 빨간색 커튼으로 포인트를 줄 수도 있다. 테이블 위의 컵이나 펜도 빨간색이 좋을 것이다.

브레인스토밍을 편하게 해야 하는 기업의 회의실은 푸른색 벽이 좋다. 파란색은 열린 마음, 평화, 안정을 주는 색이다. 다른 색깔보다 안정감을 주기 때문에 창의적이고 기발한 아이디어를 떠올리는 데에 도움을 줄 수 있다.

빨간색과 파란색의 활용은 광고에도 폭넓게 적용된다. 제품에 대한 세세한 설명이 필요할 경우에는 광고 배경에 빨간색 배경을 쓰는 것이 좋다.[i] 집중하게 만들기 때문이다. 그렇지만 새롭고 혁신적인 제품이나 신제품을 알리고 싶을 때에는 파란색 배경을 쓰는 것이 좋다.

미국의 소크 연구소는 온통 푸른색으로 둘러싸여 있다. 이 연구소는 소아마비 백신을 최초로 개발한 의학자 조너스 소크(Jonas Salk)에 의해 설립되었다. 소크 박사는 백신 개발이 수월하지 않자 잠깐 휴가를 떠났는데, 휴가지에서 중요한 아이디어를 얻게 된다. 이렇게 공간의 변화가 사고에 미치는 힘을 알게 된 소크 박사는 유명한 건축가 루이스 칸(Louis Kahn)을 찾아가 혁신적인 아이디어를 낼 수 있는 연구소를 만들어달라고 부탁했다. 공간의 동선, 방향 등도 중요하지만, 이 연구소에서 인상적인 것 중 하나는 파란색을 공간의 주제색으로 선택했다는 것이다.

소크 연구소에는 파란색 연못이 있다. 모든 연구원의 방에서 푸른 바다와 하늘, 중앙 정원의 푸른 연못이 보인다. 루이스 칸은 과학자들이 혁신적인 아이디어를 내기 위해 필요한 푸른색 에너지를 공간에 많이 들여온 것이다.[ii]

오래전 중국어 학원을 다녔을 때의 일이다. 다른 학원을 다닐 때보다 더 공부가 잘되고 다른 언어에 비해 중국어가 더 쉽게 느껴졌다. 그 학원은 카페 같은 분위기였는데, 학원 내부의 조명도 카페처럼 노란빛에 의자도 푹신했다. 선생님과 저절로 중국어로 수다를 떨고 싶은 기분이 들었다. 1년을 배웠는데도 중국어 실력이 상당히 늘어서 중국인 학생들을 대상으로 비주얼 브랜딩을 강의할 수 있을 정도였다.

언어학자 미셸 토머스(Michel Thomas)가 진행한 수업이 BBC에 방영된 적이 있다. 영국 런던의 시티앤드이즐링턴 칼리지의 학생들을 대상으로 5일 동안 프랑스어 수업을 진행했는데, 그가 제일 먼저 한 일은 강의실의 환경을 바꾸는 일이었다. 딱딱한 의자를 편안한 의자로 바꾸고, 화분을 놓고 양탄자를 깔고, 조명도 밝고 푸른빛이 도는 6,000켈빈에서 차분하고 포근한 3,800켈빈으로 바꾸었다. 공간과 조명의 색이 사고 작용에 미치는 영향을 알고 있었던 것이다.

공부를 잘하게 하는 환경에는 벽지의 색, 책상의 색보다는 조명

소크 연구소에는 파란색 연못이 있다. 모든 연구원의 방에서
푸른 바다와 하늘, 중앙 정원의 푸른 연못이 보인다.
과학자들이 혁신적인 아이디어를 내기 위해
필요한 푸른색 에너지를 공간에 많이 들여온 것이다.

의 색이 중요하다. 우리의 뇌파는 크게 알파파, 세타파, 베타파, 델 파파로 구분되는데 이 뇌파는 조명에 많은 영향을 받는다. 두뇌가 적절히 각성한 수준에 이를 때 나오는 뇌파인 알파파나 세타파가 활성화되면 공부하기에 적절한 상태가 된다. 어떻게 조명을 사용해야 이 알파파나 세타파를 활성화할 수 있을까. 방법 중 하나는 자연 빛과 인공조명을 적절히 섞는 것이다. 두뇌 작용을 활성화하려면 너무 밝지도, 너무 어둡지도 않은 것이 좋다.

조명과 학습의 상관관계에 대해서는 이미 많은 연구가 진행되고 있다. 심지어 과목별로 학습 효과를 올릴 수 있는 색온도가 있다는 연구도 있다. 높은 집중력과 분석이 필요한 수학 혹은 과학을 공부할 때에는 파란빛(6,000~7,000켈빈)이 좋고, 국어, 영어, 사회 등 언어를 기반으로 하는 공부에는 노란빛(3,800~5,000켈빈)이 좋다. 미술, 음악, 체육 등 예술이나 창의력 공부에는 붉은빛(2,500~3,000켈빈)이 좋다고 한다.[iii] 최근 LED 조명 기술이 발달해 2,000~8,000켈빈까지 자유롭게 조절할 수 있는 스탠드도 있으니 이를 활용해보자.

왜 거기에서만 예뻐 보이나

신체에 영향을 주는 색 중에서 다루지 않을 수 없는 색이 바로 흰색이다. 흰색은 모든 사물을 선명하게 보이게 하기 때문이다. 가구나 소품을 파는 곳이라면 벽을 당연히 흰색으로 두어야 할 것이다. 사람의 얼굴도 그렇다. 안색을 생기 있어 보이게 하는 건 조명의 역할이 크지만, 같은 종류의 조명이라면 흰색을 배경으로 할 때 사람이 더 도드라져 보인다. 흰색이 미인을 만드는 것이다. 카페에 여성 고객들을 많이 끌고 싶으면 흰 벽이 배경으로 보이는 위치에 커다란 거울을 두는 게 좋다. 고객이 커피를 마시면서 수시로 자신의 모습을 자주 확인하고 만족하게 되기 때문이다.

흰색은 반사율이 높아서 사람의 얼굴을 도드라져 보이게 한다. 흰색의 반사율이 88퍼센트나 되는데 비해 검은색은 2.4퍼센트밖에 되지 않는다. 흰색은 모든 색을 반사하고 검정색은 모든 색을 흡수하게 때문에 하얗게 보이고 검게 보이는 것이다. 벽과 천장을 흰색으로 칠하면 반사율이 높아, 검정색으로 칠할 때보다 조명을 많이 설치하지 않아도 공간이 밝고 화사해진다. 때문에 전기세를 절약하는 효과를 얻을 수 있다.

영화나 광고를 찍는 촬영장에서는 반사판을 많이 활용한다. 이때 반사판의 넓은 면적은 빛을 부드럽게 반사하는 역할을 한다. 반사판이 과도한 그림자를 없애고 빛의 양을 균일하게 만드는 것이다. 흰색 공간에서 반사판이 없어도 미인이 되는 이유가 바로 여기에 있다. 흰색 공간에서 다양한 각도로 반사된 부드러운 빛들이 얼굴에 닿기 때문에 얼굴에 입체감이 생기고 피부 결이 균일하고 화사하게 보이는 것이다. 더 부드러운 반사광을 원한다면 흰색에서 광택을 낮추면 된다. 광택에 따라 흰색의 반사율이 달라지는데, 광택이 낮을수록 부드러운 빛을 만들어낸다.

병을 낫게 하는 색이 있다

한때 극심한 두통이 생긴 적이 있었다. 여러 가지 검사 후에 약까지 처방을 받았다. 그런데 의사가 약을 먹는 것보다 산책하면서 초록색 나뭇잎과 풀을 많이 보고, 여의치 않을 경우 책상 위에 화분을 두고 초록색을 가까이하라는 처방을 했다. 의사의 말대로 화분을 가까이 하고 자주 바라보는 일을 열심히 했더니 두통이 사라지는 효과를 경험했다. 그런데 정말 초록색은 우리의 건강에 직접적인 영향을 미칠 수 있을까.

미국 펜실베이니아대학의 연구원들은 주거지의 빈 공간을 녹색지대로 바꾸기 전과 후, 주민들의 정신건강을 측정했다. 그 결과 녹색지대 근처 주민들 중 63퍼센트가 스스로 정신건강이 좋아졌다고 답했다.[iv] 녹색이 진정 효과가 있으며 실제로 치료 능력을 갖고 있다는 것은 의료계에서도 이미 많이 증명되었다.

점차 모든 영역에 건강과 친환경이 접목되면서 '녹색'은 더 각광받는 색이 되고 있다. 식품 안전과 환경에 민감한 소비자들이 늘고 친환경, 웰빙 등이 대세가 되면서 '그린 패키지'라는 단어도 등장했다.

녹색의 이미지를 가장 빨리 적극적으로 활용한 대표적인 기업은 풀무원이다. 풀무원은 회사 로고와 배송 차량은 물론 대부분의 제품에서 그린 패키지를 내세운다. 풀무원이 친환경 제품을 많이 생산한다는 이미지를 갖게 된 데에는 녹색의 적극적 활용이 큰 역할을 했다. CJ의 경우 '해찬들 고추장' 전면에 녹색 띠를 두른 포장으로 제품을 리뉴얼한 사례가 대표적이다. 그린 패키지를 시도한후 매출이 대폭 상승해 점유율 1위로 올라섰을 정도로 그 효과는 뛰어났다.[v]

환경친화적 제품, 유기농 식품, 재활용 및 재사용과 관련된 제품뿐만 아니라 하이브리드 자동차에 이르기까지 다양한 업종에서 녹색을 적극적으로 사용한다. 그러다 보니 녹색에 피로감을 느끼는 고객들도 생겼다. 녹색이 그다지 차별성을 만들어내지 못하는 것이다. 그러자 최근에는 녹색 대신에 파란색을 친환경 이미지에 사용하는 기업들도 늘어나고 있는 추세다.

녹색을 대체하는 색으로 파랑을 선택하는 것도 좋은 방법이지만, 보조색을 이용해 피로감을 줄이는 방법도 있다. 음식점의 경우가 그렇다. 녹색이 건강함을 상징한다고 해도 음식점에서 녹색을 많이 쓰면 오히려 맛이 없다는 느낌을 줄 수 있다. 풀 맛을 연상시켜 음식이 쓰게 느껴질 수도 있다. 이럴 때 오렌지색, 노란색을

보조 색상으로 같이 사용하면 쓴맛의 느낌을 줄이고 다양한 식감
에 대한 기대를 높일 수 있다.

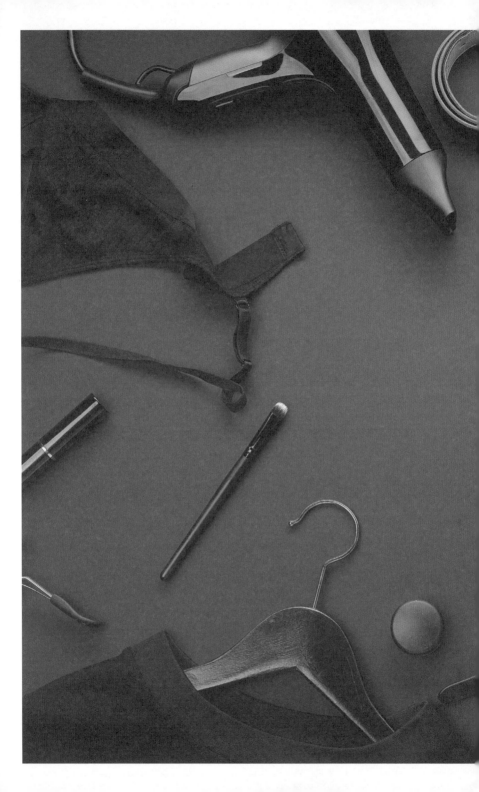

10대들은 왜
검정색에 열광하나

세대의 취향을 색으로 공략하기

내 제품, 내 브랜드를 성공시키고 싶은 사람들은 색과 관련하여 어떤 생각부터 하게 될까. 아마 이런 생각을 할 것이다.

"내 고객들은 어떤 색을 선호할까?"
"내 고객들은 자신에게 어떤 색이 어울린다고 생각할까?"

이 질문에 답하기가 쉽지 않다. 특히 도전자 위치에 있는 기업이나 막 시작한 스타트업의 경우 색 선택에 어려움을 느낄 때가 많다. 아직 자기 정체성이 고객에게 분명하게 인식되어 있지 않기 때문이다. 이럴 때 많이 쓰는 색이 바로 검정이다.

미국의 시장조사 기업 '비주얼 캐피털리스트'에 따르면 유니콘 기업 50개 중 38퍼센트의 회사가 브랜드 색상을 검은색으로 선택했다. 차량 공유 서비스 업체 우버, 사무실 임대 서비스 위워크, 배틀 그라운드로 널리 알려진 게임사 크래프톤도 검은색을 쓴다. 비주얼 캐피털리스트는 이 현상에 대해 검은색은 무에서 유를 창조한다는 철학을 암시하며, 세련됨을 표현하는 가장 좋은 색상이기 때문이라고 해석했다.

10대가 가장 선호하는 색이 검정인 이유도 이와 비슷하다. 10대들은 에너지는 넘치지만 아직 자기 스타일이 분명하게 만들어지지 않은 성장기를 겪고 있다. 동시에 검정은 이 세대들이 가지고 있는, 기존의 권위에 도전하고 관습에서 벗어나려고 하는 심리를 대변한다. 검정은 가장 개성적이며 젊음을 상징하는 색이자 유행을 타지 않는 특징이 있다. 따라서 스타트업이 젊은 층을 대상으로 컬러 커뮤니케이션을 시도할 때 적극 활용할 수 있다.

면접 때 흰 셔츠, 검정 정장을 입고 오라는 이유

컬러 커뮤니케이션이 중요한 이유는 색이 집단이나 개인의 정체성을 드러내는 성질이 있기 때문이다. 색에 대한 기호는 나이가 들면서 변하기도 하고 시대의 흐름에 따라서 변하기도 하지만, 사람들은 색이 인간의 성격과 관련되어 있다고 믿는다. 누가 어떤 색을 좋아하는지에 따라 그 사람의 성격을 짐 검정은 가장 개성적이며 젊음을 상징하는 색이자 유행을 타지 않는 특징이 있다. 따라서 스타트업이 젊은 층을 대상으로 컬러 커뮤니케이션을 시도할 때 적극 활용할 수 있다.

작하기도 한다. 빨간색을 좋아하는 사람은 열정적인 성격, 초록색을 좋아하는 사람은 차분한 성격일 거라고 생각한다. 이런 사람들의 인식 때문에 내가 실제로는 성격이 차분한데, 붉은색 옷을 입었다는 이유로 상대방이 나를 외향적이라고 느낄 가능성이 높다.

"어떤 색을 좋아해?"라는 질문은 단순하지만 답하는 사람들은 자신의 본모습을 드러내야 할 것 같은 기분을 느낀다. 이 질문에 한 가지 색을 명확하게 이야기하는 사람이 있고, 여러 가지 색을 이야기하는 사람도 있다. 언급하는 색의 개수만으로도 그 사람의 개성이 드러난다. 한 가지 색을 좋아하는 사람보다 여러 색을 좋아한다고 답하는 사람이 더 개방적인 성격일 가능성이 높다. 좋아하는 색을 생각해본 적이 없다면 아마도 무덤덤한 성격의 소유자일 것이다.

색이 인상을 결정짓는다는 점을 이해했다면 전략적으로 색을 선택해야 할 것이다. 국내 항공사의 승무원 면접에서는 흰 블라우스와 검정 스커트를 요구하는 경우가 많다. 이는 승무원이라는 직업이 단정하고 차분한 면을 요구하기 때문이기도 하지만, 옷의 컬러나 스타일에 대한 선입견을 최대한 배제하고 공정하게 면접을 보겠다는 기업 쪽의 전략이기도 하다.

이런 점을 역으로 이용할 수도 있다. 활발한 성격이 중요시되는 회사에 면접을 보러 간다면 차분한 색보다는 밝은색 옷을 입고 가는 것이 훨씬 더 좋은 인상을 줄 것이다. 중요한 협상을 해야 하는 자리에 간다면 어떤 색이 좋을까. 신뢰감을 주는 파란색을 입을 수도 있고 강해 보이는 검정색을 입을 수도 있다. 단, 노란색은 좋지 않다. 노란색은 긍정적이고 낙천적인 느낌을 주긴 하지만 가벼워 보이는 면이 있다. 자칫 진중해 보이지 않을 수 있기 때문에 비즈니스 미팅이나 면접에는 피하는 것이 좋다.

월요병에는 오렌지색 옷을

색은 자기계발에도 영향을 미친다. 활력이 떨어지는 날에는 일부러 녹색 옷을 입어 기운이 나도록 만들 수 있다. 출근하기 싫은 날에는 자신감을 불러일으키는 빨강이나 오렌지색 계열의 옷을 입으면 도움이 될 것이다. 월요병을 고치기 위한 방법으로 일요일 저녁에 가장 좋아하는 색의 옷을 미리 꺼내놓는 것도 도움이 된다. 아이들을 야단칠 때 부모가 검정색 옷을 입고 있으면 더 무서워 보일 수 있다는 점도 생각해보면 좋다. 평소에 사람들에게 새침데기처럼 보이는 게 걱정이라면 부드러운 파스텔 톤의 옷을 자주 입어보자. 인상도 바뀌고 실제로 자신의 성향도 바뀌는 것을 느끼게 될 것이다.

기업에서 어떤 색상의 유니폼을 선택하느냐에 따라 직원들이 일하는 분위기가 좌우되기도 한다. 버진 그룹의 창업자 리처드 브랜슨(Richard Branson)은 열정 넘치는 에너지로 유명하다. 영국의 스티브 잡스(Steve Jobs)로 불리는 리처드 브랜슨은 중학교 중퇴, 난독증이라는 어려움을 딛고 창업에 성공했다. 그는 자신의 성공 비결을 '도전과 열정'이라고 정의하며 항공, 기차, 통신 등 모든 사업 분야의 브랜드 색상을 빨간색으로 통일하고 있다. 버진 그룹의 멤버십 프로그램 이름은 '버진 레드'이다. 버진 그룹의 직원들은 모두 새빨간 유니폼을 입고, 고객들에게 친숙하고 명랑한 서비스를 제공한다. 만약 그들이 흰색이나 파란색 유니폼을 입고 있었다면, 에너지 넘치는 기업 분위기를 만드는 게 그리 쉽지 않았을 것이다.

구독자와 정서적 일체감이 높아야 하는 유튜브 크리에이터들도 색을 통해 커뮤니케이션한다. 경제 재테크 유튜버 신사임당은 항상 검은색 옷을 입고 나온다. 평범한 직장인도 사업가로 성공할 수 있다는 자신의 신조를 어떤 장식도 허락하지 않는 '검정'으로 표현하고, 같은 가치관을 공유하는 이들과의 일체감을 높인다. 자신이 원하는 일을 하며 살아가는 밀레니얼 세대의 가치관을 대표하는 크리에이터, 드로우앤드류는 짙은 녹색이 본인의 퍼스널컬러이다. 의상은 물론 동영상 배경 전체에 녹색을 깔아 청년 세대들이 원하는 성공과 행운에 대한 기대 심리를 극대화시킨다.

버진 그룹은 도전적이고 열정적인 기업 문화로 유명하다.
주제색이 빨강이 아닌 흰색이었다면 그와 같은
기업 분위기가 만들어지지 않았을 것이다.

패셔니스타들이 섬으로 몰려간 이유

컬러에 대한 중요성이 커지면서 상표에 아예 색의 이름을 넣는 경우도 많아졌다. 특허청 자료에 따르면 색의 이름이 들어간 상표는 1999년 967건이었다가 2004년에는 1,411건으로 지속적으로 증가했다. '엄마의 앞치마'보다 '엄마의 파란 앞치마'라는 상표가 더 분명하게 각인되듯이 말이다.

색의 사용이 상대적으로 중요하지 않을 것 같은 분야에도 컬러 마케팅이 도입되기 시작했다. 유니메드제약은 이미 2014년부터 자신들이 만드는 치료약 케이스에 일곱 가지 각기 다른 색상을 도입했다. 소화기계, 비뇨생식기계, 호흡기계, 순환기계, 근골격계, 정신신경계, 안과계 등이다. 각 질환별로 색을 정할 때는 색의 성질을 반영했다. 예를 들어 소화기계 약 케이스에는 오렌지색을 입혔는데, 오렌지색은 몸을 따뜻하게 하여 소화에 도움을 주는 효과가 있기 때문이다.

원래 이는 약사들이 약을 제조할 때 비슷한 약병을 혼동하지 않도록 하기 위해서였다. 이 회사에 대한 약사들의 신뢰가 상승하지 않을 수 없었을 것이다. 흰 약통이 즐비했던 제조실에도 컬러 커뮤니케이션이 도입된 셈이다.

그러나 이런 추세임에도 불구하고 의외로 기업도 개인도 색을 잘 사용하기가 쉽지 않다. 어떤 색이 우리 기업과 제품에 어울리는지를 판단하기란 매우 어렵다. 색을 잘못 고른 게 아닐까 걱정하기도 쉽다. 백화점 쇼윈도에 눈에 띄는 화려한 색상의 옷을 진열하지만, 정작 고객들이 가장 많이 선택해서 들고 나오는 옷의 색상은 무채색인 경우가 많다.

그러나 고객과의 커뮤니케이션을 중요하게 느끼는 곳이라면, 특히 고객의 감정을 불러일으켜야 하는 업종이라면 자신의 색을 찾으려고 노력해야 한다. 색에 대해 너무 두려움을 가질 필요는 없다. 고객과 컬러 커뮤니케이션을 시도했는데도 별 효과가 없다면 색상 자체를 잘못 골랐기 때문일 수도 있지만 커뮤니케이션 방법에 문제가 있는 경우도 많다.

내 브랜드의 색을 정했어도 제대로 보여주지 않으면 소용이 없다. 특히 주제색을 정해놓고도 다른 종류의 색을 여럿 사용해 컬러 마케팅에 실패하는 경우를 종종 본다. 자신에게 맞는 컬러를 고집하는 것이 아니라 이런저런 유행 컬러를 따라가는 경우도 많다. 색채 심리학자 캐런 할러는 이를 "색채 소음(color noise)"이라고 부른다. 이런 소음에 시달리지 않으려면 "내 고객들은 자신에게 어떤 색이 어울린다고 생각할까?"라는 질문에 대한 분명한 답이 필요하다.

색은 인간에게 빠른 인상과 직관적인 신호를 주지만, 색을 선정하는 일은 과학적이고 논리적이어야 한다. 색은 '말'과 같다. '나'의 감정과 생각을 표현하는 도구이다. '이런 색이 유행하니까, 내가 이 색을 사용하면 사람들이 좋아해줄 거야'라고 생각하는 건 남들과 똑같은 모습으로 고객과 소통하겠다는 어리석은 행동일 수 있다.

고객들은 '남과 비슷해지고' 싶어 하지 않는다. 고객들은 자신을 특별하게 여기게 하는 경험을 찾고, 그 경험을 증명할 수 있는 증거를 가지고자 한다. 이제는 다양성의 시대이다. 다양한 선택이 가능한 시대에 또렷한 나만의 '위닝 컬러'가 없으면 사람들에게 선택받기 어렵다.

색을 사용해 정체성을 표현하는 일은 기업 마케팅뿐만이 아니라 다양한 분야에서 넓게 활용되고 있다. 전라남도 신안군 안좌도는 보라색 섬, '퍼플 아일랜드'로 유명하다. 섬 곳곳을 보라색으로 칠한 이곳은 파리 패션위크 패션쇼 영상 촬영지로 유명해지면서 핫플레이스로 주목받고 있다. 보라색 옷을 입거나 이름이 '보라'일 경우에는 섬에 무료입장이 가능하다. 마을마다 집의 지붕, 다리, 도로 등에 쓰인 연보라색은 푸른 바다, 초록 산과 어우러져 신비한 느낌을 자아낸다. 배를 타고 들어가야 하는 섬 여행이 쉽지 않은 만큼, 섬 여행에 대한 환상을 키우고 그 환상이 비주얼적으로 표현될 때 여행객들의 만족도가 더욱 높아지는 것이다. 안좌도는 2021년 유엔이 선정한 최우수 관광마을로 뽑히는 등 국제적으로도 유명한 관광지가 되었다.

죽기 전에 꼭 가보고 싶은 여행지로 꼽히는 그리스의 산토리니도 작은 섬이다. 이 섬이 유명해진 것도 푸른 지붕과 새하얀 벽으로 인한 강렬한 이미지 때문이었다. 이처럼 색은 말보다 빠르게 정체성을 만들어내고, 그 정체성에 함께하길 원하는 사람들을 끌어모으는 좋은 도구가 된다.

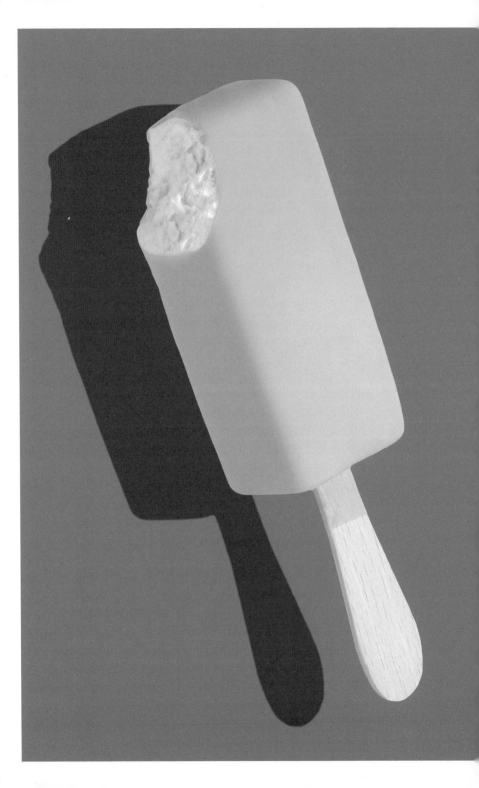

환상이 강하면
지갑이 열린다

성공을 부르는 원 컬러에서 강렬한 보색까지

색으로 사람들을 유혹할 수 있다면 색을 많이 사용할수록 좋지 않을까? 다양한 컬러로 승부를 보는 의류 브랜드 베네통, 선풍적인 인기를 끌었던 현대카드의 M 시리즈, 백색 가전 분야에서 열풍을 일으킨 삼성전자의 비스포크 시리즈까지….

다양한 색을 사용하여 성공한 사례가 많으니 내 브랜드나 기업도 색을 다채롭게 쓰면 더 좋지 않을까? 그러나 여러 가지 색을 잘 사용하기란 쉽지 않다.

전문가들은 색을 함께 쓰는 '배색'에 대한 다양한 방법을 알고 있다. 최근에는 전문가들이 만들어놓은 조화로운 배색 샘플을 제공하는 사이트도 많아졌다. 이런 정보들을 검색해 활용하는 것도 좋은 방법이다. 그러나 전문적이고 다양한 배색의 기술을 모른다 하더라도, 몇 가지 중요한 원칙만 알면 충분히 성공적인 컬러 커뮤니케이션이 가능하다.

스테디셀러들의 공통점

색을 활용하고자 한다면 우선 단 하나의 나만의 색을 찾는 것부터 시작해보자. 색을 활용하는 이유는 소비자의 감정을 빨리 불러일으키기 위해서이다. 그러려면 색으로 주는 신호가 분명해야 한다. 인간은 많은 것을 기억하지 못한다. 인간의 뇌가 기억할 수 있는 최대한의 색의 수는 3개이다. 눈앞에 보이는 색이 3개 이상을 넘어가면 사람들은 다 기억하지 못하고 강렬한 하나의 색을 주로 기억한다. 가장 강하게 기억될 '단 하나의 색'을 고르는 것이 컬러 커뮤니케이션의 기본이다. 잡다한 색상을 잘못 사용하는 것보다는 한두 가지 색을 잘 사용하는 것이 훨씬 효과적이다. 그래서 나만의 '주제색'이 중요하다.

성공한 브랜드를 보면 하나의 색으로 승부를 보는 사례들이 훨씬 더 많다. 소비자에게 어떤 느낌을 줄 것인지를 분명하게 정하고, 그에 맞는 색을 정하는 게 좋다. 코카콜라나 포카리스웨트 같은 스테디셀러 제품들을 생각해보자. 이런 제품들은 모두 빨간색, 파란색과 같은 하나의 색으로 구성되어 있다.

한 가지 색을 사용하는 경우 인상을 분명하게 주긴 하지만 지루하거나 단조롭게 느껴질 수 있다. 그럴 때 더하여 쓸 수 있는 색이 흰색이다. 코카콜라, 포카리스웨트는 상품명이 흰색인데 이런 경우도 사실은 주제색이 하나라고 봐야 한다. 여기서 흰색은 별개의

성공한 브랜드를 보면 하나의 색으로 승부를 보는 사례들이
훨씬 더 많다. 소비자에게 어떤 느낌을 줄 것인지를
분명하게 정하고, 그에 맞는 색을 정하는 게 좋다.

색이 아니라 '빨간색이 없는 부분', 즉 색이 없는 부분으로 인식되기 때문이다. 빨간색의 느낌을 더 선명하게, 파란색의 느낌을 더 선명하게 해주는 역할을 한다.

주제색에 흰색 혹은 검정으로 테두리를 주는 것도 하나의 색을 사용해 다양한 느낌을 낼 수 있는 방법이다. 흰색 테두리는 색이 선명해 보이는 효과가 있다. 검정 테두리는 색상은 약해져도 그 색으로 표현되는 이미지는 또렷하게 보이는 효과가 있다. 노란 치즈 모양이 내 브랜드의 로고라면, 노란 치즈 모양에 테두리를 흰색으로 하느냐 검정으로 하느냐에 따라 느낌이 완전히 달라질 수 있다. 회색을 선택하면 또 다른 느낌을 만들 수 있다.

내가 고른 하나의 색이 마음에 들지 않는다면 색상을 바꾸기보다는 밝고 어두운 정도인 명도를 바꾸는 게 도움이 된다. 패션 앱 퀸잇은 처음에는 자신들의 로고에 그러데이션(gradation)이 들어간 보라색을 사용했다. 그러나 곧바로 밝은 보라색으로 바꾸었다.

"저희 슬로건은 4050을 위한 패션 앱'이었습니다. 그래서 로고는 왕관 모양의 곡선으로, 컬러는 그러데이션이 들어간 보라색을 사용했습니다. 하지만 고객들은 4050으로 불리는 것을 좋아하지 않았고, 컬러도 좀 더 젊고 산뜻해져야 한다고 의견을 주셨습니다. 바로 의견을 반영해 컬러를 수정했습니다. 지금의 컬러와 로고는 좀 더 젊고 세련된 느낌이 들게 되었습니다. 슬로건 또한 '옷 잘 입는 언니들의 패션 앱'으로 바뀌게 되었습니다."

퀸잇의 대표 최희민 씨에게 직접 들은 이야기이다. 퀸잇의 사례에서 보듯이 색상보다 색의 명도에 더 신경을 쓴다면, 내 고객에게 맞는 주제색을 훨씬 더 쉽게 고를 수 있을 것이다.

유혹하는 느낌을 주고 싶다면

명도의 차이를 더 적극적으로 사용하는 방법이 있다. 하나의 면적과 하나의 색상 안에서 그러데이션을 이용하는 것이다. 그러데이션은 색이 서서히 변화하는 것을 의미한다. 하나의 색에 흰색을 더해 더 밝게, 검정색을 더해 더 어둡게 쓰면서 그 변화를 연속적으로 보여주는 것이다. 그러데이션은 방향을 느끼게 하기 때문에 어떻게 쓰느냐에 따라 사람의 시선을 좌우할 수 있다. 오른쪽에서 왼쪽으로 향하게 할 수 있고, 위에서 아래로 흐르게 할 수 있다. 또는 원형의 그러데이션 효과를 쓰면 가장 밝은 부분을 중심으로 시선을 모이게 할 수도 있다.

그러데이션을 활용할 때 어두운 부분(저명도)이 아래쪽에 있으면 안정감을 준다. 반대로 어두운 부분이 위에 있을 때는 역동적이고 유혹적인 느낌을 낼 수 있다.

커피 광고를 떠올려보자. 커피 가루가 물에 녹으면서 짙은 갈색이 아래로 스며드는 장면을 볼 수 있다. 어두운 부분이 위에 있으면서 고혹적인 느낌을 전달하는 것이다. 화장품, 주류, 초콜릿 등의 제품에 많이 사용하는 방식이다. 상단에 어두운색을 사용하고 하단에 밝은 저명도의 색을 사용하면 유혹하는 느낌을 주는데, 가벼운 이미지를 만들기 때문에 고가의 제품에는 적합하지 않다.

그러데이션을 이용하면 고급스러운 느낌을 줄 수 있다. 고급스러움은 안정감과 통한다. 고가의 명품시계나 보석 광고를 보면 대부분 아래쪽에 저명도의 색상을 사용해 그러데이션을 구현하는 것을 볼 수 있다. 고급 자동차 광고의 경우도 저명도의 색을 아래쪽에 두어 안정감을 준다.

그 브랜드의 옷은 보기만 해도 행복하다

한 가지 컬러는 인상을 분명하게 한다는 장점이 있다. 하지만 이미 다른 브랜드나 제품이 내가 쓰고 싶은 색상을 선점하고 있을 때도 존재해, 차별화가 쉽지 않다는 단점도 있다. 또한 하나의 색상은 좁은 면적에 쓸 때는 인상적이지만 넓은 면적에 쓰면 지루한 느낌을 줄 수 있다.

이럴 때는 두 가지 색을 함께 사용하는 방법도 좋다. 특히 유사한 두 개의 색을 같이 사용하면 더 생기발랄하고 다채로운 느낌을 줄 수 있다. 노란색과 오렌지색을 같이 쓰는 것이 각각의 색을 하

그러데이션을 활용할 때 어두운 부분이 아래쪽에 있으면
안정감을 준다. 반대로 어두운 부분이 위에 있을 때는
역동적이고 유혹적인 느낌을 낼 수 있다.

두 가지 색을 쓰는 두 번째 방법은 바로 '보색 대비'를 이용하는 것이다. 보색은 색상환에서 서로 대칭되는 지점에 있는 색을 말한다. 가장 대표적인 보색은 빨강과 초록색, 파랑과 주황색, 노랑과 보라색이다.

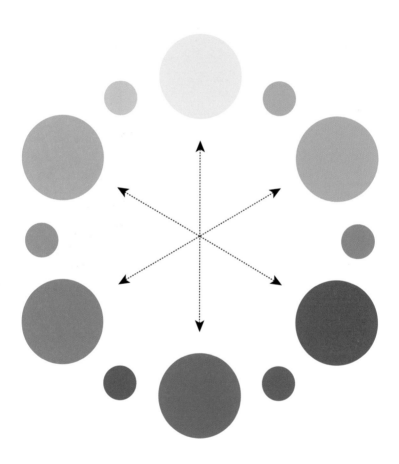

나씩만 쓸 때보다 더 경쾌한 느낌이 들 듯이 말이다.

두 가지 색을 쓰는 방법의 기본은 첫째, 비슷한 느낌의 색끼리 함께 쓰는 것이다. 색과 색의 거리가 가까우면 비슷한 감정을 이끌어내서 서로 잘 어울린다. 안전한 디자인 전략이 될 수 있다. 마스터카드는 유사한 색을 잘 사용한 대표적인 사례로 꼽힌다. 오렌지와 빨강의 색조가 잘 어울리며 대담하면서도 활기찬 브랜드의 이미지를 보여준다.

두 가지 색을 쓰는 두 번째 방법은 바로 '보색 대비'를 이용하는 것이다. 보색은 색상환에서 서로 대칭되는 지점에 있는 색을 말한다. 가장 대표적인 보색은 빨강과 초록색, 파랑과 주황색, 노랑과 보라색이다. 이 경우는 대비가 강하여 눈에 금방 띈다. 수많은 브랜드와 광고 등에서 사용되는 기본적인 보색이다.

보색 대비의 색깔을 함께 쓰면 선명한 느낌, 환한 느낌을 준다. 또한 서로 완전한 대비로 인해 확실하게 강조 효과를 줄 수 있다는 장점이 있다. 보색 대비는 '긴급하고 직관적인' 기능이 필요한 곳에서 수없이 사용된다. 스마트폰만 봐도 통화 버튼은 초록색이고 종료 버튼은 빨간색이다. 통화와 종료는 반대되는 상황이며 시작과 끝이라는 확실한 행동을 가능하게 한다. 신호등도 마찬가지이다. 보행할 때는 초록, 정지할 때는 빨간색인데 원래 신호등은 색으로 표시되지 않았다. 초창기의 신호등 사진을 보면 보행(walk)과 정지(stop)이라는 글자로 표시됐을 뿐이다. 자동차의 속도가 빨라지면서 글자보다 더 빠르고 더 확실한 알림이 필요해졌기 때문에 색이 도입된 것이다.

신호등을 초록, 빨강의 보색 대비가 아니라 초록, 파랑과 같이 비슷한 계열로 배색했다면 사고가 끊이지 않을 것이다. 이렇듯 보색 대비는 우리 일상에서 사람들의 행동을 조정하고 움직임을 만드는 데에 가장 많이 사용된다.

보색 대비는 특히 패션 광고에서 많이 사용된다. 베네통의 경우 다양한 색상의 옷을 만들기 때문에 눈에 잘 띄기도 하지만, 실제로 보색 대비를 활용한 옷을 많이 만들기 때문에 더 선명하고 활기차 보인다.

온라인 환경에서 보색 대비는 더 많이 사용된다. 패션 앱 딘트가 대표적이다. 딘트는 과장된 디자인에 강렬한 색상을 사용한다. 상품 이미지들을 보고 있으면 '과연 누가 이렇게 입을 수 있을까?' 라는 생각이 들 정도이지만, 딘트는 가파르게 성장해왔다. 실제로 창업 이후 2009년 연 매출 30억 원에서 2012년 50억 원, 2012년 100억 원, 2016년에는 280억 원을 달성하면서 꾸준히 성장하는 중이다.

딘트에서 판매하는 과장되고 화려한 색의 패션이 유행하는 이유는 영상과 이미지가 보편화된 시대이기 때문이다. 과거에 영상은 TV 정도에서만 볼 수 있었지만, 스마트폰과 유튜브 시대에는 봐야 할 영상이 넘쳐난다. 예전에는 영상에 등장하는 사람들이 소수였지만 이제는 수많은 사람들이 영상에 등장한다. 때문에 영상의 주인공이 강렬한 인상을 남기고 싶다면 일상복과 비슷한 복장으로는 눈길을 끌기가 어렵다.

때문에 방송에 출연하는 사람들의 패션이 더욱 과해지는 것이다. 소매를 크게 부풀리고 어깨를 강조하는 디자인의 옷이 많아졌고, 셔츠나 재킷에 달린 칼라의 크기도 커졌다. 멀리서도 눈에 잘 띄어야 하는 무대 위의 뮤지컬 배우나 가수들이 입던 패션이 모니터의 영상 안으로 들어온 것이다. 디자인뿐만이 아니라 컬러도 더 강렬하게 사용하게 된다. 때문에 보색 대비를 활용한 의상들이 많이 등장하는 것이다.

보색을 사용할 때도 명도와 채도의 차이를 염두에 두면 더 다채로운 표현이 가능하다. 똑같이 노랑과 파랑의 보색 대비를 사용한 국기여도 스웨덴 국기에 사용하는 파랑색은 훨씬 더 진하고 어둡다. 반면 우크라이나 국기에 사용한 파랑은 스웨덴만큼 진하지 않다. 이로 인해 유사한 보색 대비를 사용했다고 해도 스웨덴 국기가 훨씬 더 선명한 느낌을 준다.

똑같은 노랑과 파랑의 보색 대비를 사용한 국기여도
스웨덴 국기에 사용하는 파랑색은 훨씬 더 진하고 어둡다.
반면 우크라이나의 국기에 사용한 파랑은 스웨덴만큼 진하지 않다.
이로 인해 유사한 보색 대비를 사용했다고 해도
스웨덴 국기가 훨씬 더 선명한 느낌을 준다.

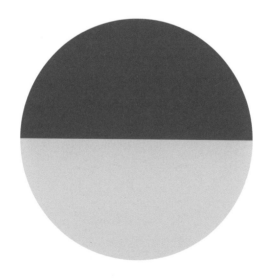

빨리 팔고 싶다면 색상을 과감하게

소비자들의 구매를 빠르게 하려면 심박 수를 높이라는 말이 있다. 기분이 좋고 들떠야 지갑이 열린다는 뜻이다. 컬러를 사용할 때도 설렘을 주는 것이 중요하다. 특히 첫인상이 중요하다. 오프라인 매장이라면 입구에 채도가 높은 밝고 경쾌한 컬러 두 가지 정도를 배합해 고객의 기분을 밝게 만들어야 한다. 온라인도 마찬가지이다. 첫 화면에 보이는 메인 배너에는 항상 밝고 경쾌한 색을 보여줄 수 있도록 배치하는 것이 좋다.

판매 주기가 짧고 가격이 저렴한 제품들은 좀 더 과감한 컬러를 사용할 필요가 있다. 가장 쉬운 예가 양말이다. 가격이 낮은 양말일수록 화려한 색이 판매도 좋다. 이런 양말들은 곱게 접어서 열을 잘 맞추어 진열하는 것이 아니라, 경쾌한 느낌을 주도록 큰 바구니 같은 곳에 담아도 좋다. 색이 주는 경쾌함과 캐주얼한 진열 방식 때문에 구매에 대한 심리적 저항감이 낮아지고, 따라서 필요하지 않아도 하나씩 사게 된다.

온라인 쇼핑몰에서 판매하는 제품도 마찬가지이다. 가격이 저렴한 제품들은 여러 종류의 색을 구비해 다양한 컬러감을 보여주는 것이 판매에 도움이 된다.

이때에도 보색 대비를 활용하면 훨씬 더 효과가 좋다. 운동화를 진열할 때 빨간색 운동화와 파란색 운동화를 교차하면, 빨간색 운동화만 모아 놓았을 때보다 더 빨리 눈이 가고 구매하고 싶은 욕구도 빠르게 올라온다.

온라인 쇼핑몰에는 배송비 무료를 유도하기 위해 보여주는 미끼 상품이 있다. 미끼 상품의 경우에는 금액대가 낮아야 하며 하나씩 가지고 있어야 하는 필수품에 해당하는 것, 자주 써서 빨리 교체하는 소모품 종류가 좋다. '어차피 필요했는데 하나 살까'라는 마음이 생기는 것이다. 여기에 더해 색도 도움이 된다. 선명한 색의 제품이 충동구매 욕구를 빨리 불러일으킨다. 예를 들어 미끼 상품으로는 연하늘색 양말보다 빨간색 양말이 더 좋다. 딱히 필요도 없지만 강렬한 색이 '한번 사볼까?'라는 마음을 불러일으키는 것이다.

만져보기만 하고 사지는 않는다면

보색 대비가 눈에 잘 띈다고 하지만 사용하기에 위험이 크기도 하다. 보색 사용을 '회사에서 상사와 눈이 마주치는 일'에 비유하면 적절할 것 같다. 보색 대비는 환상을 부르는 조합이다. 눈에 확 띄기 때문에 고객의 시선을 단번에 사로잡지만, 그만큼 기대가 크기 때문에 실망하게 될 가능성도 높다.

의류 매장에서는 마네킹에 보색 대비를 사용해 옷을 입히는데 보색 대비는 환상을 부르는 조합이다.
눈에 확 띄기 때문에 고객의 시선을 단번에 사로잡지만
그만큼 기대가 크기 때문에 실망하게 될 가능성도 높다.

멋져 보여서 똑같이 갈아입으면 정작 실망하는 경우가 많다. 마네킹이 입고 있을 때 멋진 옷이 왜 내가 입으면 멋있어 보이지 않을까? 우선 그 이유 중 하나는 마네킹은 얼굴이 없기 때문이다. 얼굴이 있다고 해도 눈코입이 없거나 있어도 선명하지 않으며, 메이크업을 하는 경우도 드물고 표정도 없다.

그러나 사람은 얼굴의 생김새와 피부색이 다르기 때문에 똑같은 옷을 입어도 누구에게는 잘 어울리고 누구에게는 잘 어울리지 않는 경우가 생긴다. 게다가 보색은 색의 대비가 강렬하기에 눈으로 보기에는 좋을지언정, 실제로 입었을 때는 평소 사람들이 잘 입는 조합이 아니라서 어색하다. 부담스럽게 느낄 가능성도 크다. 게다가 색상이 선명하니 누구에게나 잘 어울리기가 힘들다.

그런 점에서 보색 대비를 이용한 진열은 화려하고 강렬한 색으로 사람을 끌어당길 수는 있지만, 막상 들어와서 고객이 구매하기에 어려울 수 있다. 이렇게 되면 매출이 발생하기 어렵다. 때문에 마네킹에 보색 대비의 옷을 입히거나 보색 대비를 사용해 제품을 진열하여 고객을 끌어들이는 데 성공했다면, 그다음에는 고객이 부담 없이 고를 수 있는 다른 제품들도 매장 안에 적절하게 구비해야 한다. 온라인 쇼핑몰도 마찬가지이다. 화려한 색의 제품으로 눈을 끌었다면, 실용성이 높은 제품들이 함께 구비되어 있어야 매출이 상승할 수 있다.

보색은 눈길을 끄는 반면 신뢰도가 낮을 수 있다. 방송 프로그램에 비유하면, 예능 프로그램에 가깝지 다큐멘터리는 아니라는 것이다. 시사 토론 프로그램 출연자가 의상을 보색으로 맞춰 입고 나온다면 눈길은 끌 수 있을지 몰라도 전문성이 떨어져 보일 수 있다. 이러면 내용에 대해 신뢰감을 주기 어렵다. 채도가 낮은 옷, 색상 대비가 낮은 옷을 선택하는 것이 신뢰도를 높인다. 마찬가지로 고가의 제품, 전문성을 강조해야 하는 제품에는 보색을 쓰지 않는 것이 좋다. 쓰더라도 명도와 채도를 낮춰서 사용하는 게 훨씬 나을 것이다.

직원들이 갑자기 친절해진 이유

세 가지 이상의 색을 쓸 때는 각 색에 역할을 주어야 한다. 기본적으로 주제색, 보조색, 바탕색이 그것이다. 세 가지 이상의 색을 쓸 때는 그 조합이 무궁무진하다. 경우의 수가 너무 많다. 때문에 어떤 색상을 선택하느냐보다는 색상끼리의 어울림이 중요하다. 어울림을 좌우하는 것은 색의 밝고 어두움, 진하고 옅음의 정도에 달려 있다. 색의 개수가 늘어날수록 색상 자체보다는 명도와 채도가 중요하다.

미국의 화가 조지아 오키프(Georgia O'Keeffe)는 "색채는 나에게는 일종의 마법이다"라고 말한 바 있다. 거대한 꽃을 즐겨 그렸던 오키프의 그림을 보면 색이 가진 명도와 채도의 중요성을 금세 알 수 있다. 여러 가지 색을 쓰고 있지만, 그 밝고 어두운 정도를 잘 맞추어 자신만의 독특하면서도 조화로운 색의 세계를 만들어냈다. 똑같은 색상의 색을 사용해도 명도와 채도에 따라 색이 안정적으로 조화를 이루기도 하고, 불편하게 어긋나기도 한다.

에스테틱 브랜드를 컨설팅했을 때의 일이다. 이 브랜드는 발랄한 20대 젊은 여성들이 메인 고객이었다. 소비층이 선호하는 핫핑크를 주제 색상으로 정하고 보조색은 연회색, 바탕색은 흰색으로 정했다. 주제색인 핫핑크를 외부 간판, 안내데스크, 상담실 유리문 시트, 직원 유니폼, 상담 차트까지 반복해서 사용했는데, 넓은 면적에 핫핑크를 반복해서 사용하다 보니 공간 전체가 너무 붉고 강한 인상을 주었다. 호의적인 감정을 불러일으키기에 너무 과한 것이다.

먼저 톤을 조정해야 했다. 가장 넓은 면적을 사용하고 있는 상담실 유리문 시트를 연한 분홍색으로 교체했다. 연한 분홍색은 날 선 감정을 부드럽게 만들고 마음을 회복시키는 색상이다. 바뀐 색상으로 인해 마음이 편안해진 고객은 뷰티에 관한 자신의 속 깊은 고민까지 털어놓게 되었다. 또한 유니폼 색상도 연한 분홍색으로 바꾸었다. 관리사의 인상이 더 부드러워졌고 친절해졌다며 고객들이 만족해했다. 전달하고 싶은 감정에 따라 주제 색상 안에서 톤을 조정해서 사용했더니 고객의 반응이 매우 좋아진 것이다.

아무리 매력적인 색이어도 사용되는 면적, 밝고 어두운 정도,
옅고 진한 정도가 잘못되면 호감을 얻기 어렵다.
목소리의 강약을 조절하는 것처럼 색을 사용하자.

톤은 명도와 채도를 합친 개념으로 색의 밝고 어두움, 진하고 흐림, 강하고 약함에 따른 차이를 뜻한다. 톤은 감정이나 분위기와 연결되어 있다. 어떤 공간이나 사이트에 들어가면 '강하다' '귀엽다' '부드럽다' 등을 느끼듯이, 사람들이 색 배합을 볼 때 접하는 감정에는 공통점이 있다. 브랜드에서 주장하고 싶은 감정을 톤 조절로 만들어내는 것이 가능하며, 한 가지 주제 색상 안에서도 톤을 조정하면 다양한 인상을 줄 수 있다는 것을 명심하자.

여러 가지 색을 쓰고 싶을수록 내 브랜드의 정체성이 분명해야 한다. 내 브랜드가 표방하는 철학, 내 브랜드의 핵심 고객이 누구인지에 따라 전체적인 색의 톤을 정할 수 있기 때문이다. 예를 들어 고가 전략을 쓰는 브랜드라면 여러 가지 색을 써도 전체적으로 진한 톤을 유지해야 할 것이다. 반면 저가 전략을 쓰는 브랜드라면 더 연하고 밝은 톤을 만들어내야 할 것이다.

여러 가지 색을 쓸 때는 그 색이 놓일 배경과 공간이 중요하다. 배경과 공간이 넓고 무채색에 가까운 곳이어야 한다. 호텔이나 백화점 입구에 들어가면 화려한 그림이나 색색의 생화들이 놓여 있지만 번잡하다는 느낌이 들지 않고 오히려 생동감 있게 느껴진다. 그 이유는 공간이 일단 넓기 때문이다. 천장이 높고 입구가 넓고 확 트인 공간이기에, 화려한 색이 주는 에너지가 강렬해도 불편하지 않다.

게다가 호텔이나 백화점 입구는 벽과 바닥이 거의 무채색에 가깝다. 베이지색 혹은 회색 대리석을 사용하는 경우가 많다. 오히려 색이 너무 없어서 문제인 곳인데, 정작 이런 곳은 상품을 진열하거나 가구를 놓을 수 없는 공간이다. 이런 공간을 활용해 고객을 기분 좋게 만들고 생기를 더할 수 있는 방법은 화려한 색색의 꽃을 놓는 것밖에 없다.

왜 그 쇼핑몰에서
떠나지 않을까

사고 싶은 게 많은 공간의 비밀

전 세계의 가구 시장을 지배하고 있는 기업 이케아. 이케아의 명성은 실용적인 디자인과 가성비 좋은 가격 때문이기도 하지만, 무엇보다 이케아가 제품을 보여주는 방식에 있다. 이케아 매장에 가면 제품 구매는 나중이고 먼저 이케아의 제품들을 사용해 꾸민 거실, 주방, 침실, 서재 등을 체험하도록 되어 있다. '우리 집도 이랬으면 좋겠다'라는 환상을 불러일으킨 다음 제품을 구매하도록 유도한 것이다.

이제는 많은 가구업체들이 이케아 방식을 따라 쇼룸을 꾸미고 있지만, 실제 집과 다름없는 수준으로 촘촘하고 세밀하게 세팅하는 이케아의 노하우는 독보적이다. 게다가 북유럽 브랜드답게 색을 매우 잘 활용해, 쇼룸은 활기차고 생동감 넘친다. 나도 그런 멋진 공간을 만들 수 있을 것 같은 마음에 부푼 기대를 가지고 제품을 사 오지만, 정작 내 집이나 내 가게에 놓았을 때 이케아 매장에서 본 것 같은 느낌이 들지 않아 실망하게 된다. 그 이유는 이케아 매장과 내 공간의 색 조합이 다르기 때문이다. 벽지의 색, 다른 집기의 색과 어떻게 어울리느냐에 따라 똑같은 제품도 완전히 다른 느낌을 준다.

색 사용에 가장 민감한 곳이 바로 오프라인 공간이다. 같은 평수인데도 어떤 공간은 어수선하고 비좁아 발 디딜 틈 하나 없어 보이는 반면, 어떤 공간은 들어서는 순간부터 밝고 환한 느낌과 함께 실제 면적보다도 넓고 쾌적한 듯한 착각을 불러오기도 한다.

그것은 바로 벽지의 색부터 가구, 소품의 컬러 배색에서 오는 차이다. 색을 이용해 공간의 느낌을 살리고 활용도를 높이는 법칙을 알아두면 고객의 소비를 더 촉진시킬 수 있다.

빨간색 자동차가 더 가깝게 느껴지는 이유

똑같은 크기의 파란색 자동차와 빨간색 자동차가 같은 위치에 있을 때, 파란색 자동차가 더 멀리 있는 것처럼 느껴진다. 반면 빨간색 자동차는 7미터나 더 가깝게 보인다. 색에 따라 거리감이 달라지는 것이다.

이렇게 실제 거리보다 가깝게 느껴지는 색과 멀리 느껴지는 색이 있다. 같은 거리에서도 더 가깝게 느껴지는 색은 빨간색과 노란색 등의 따뜻한 색 계열이다. 파란색 같은 차가운 색 계열은 동일한 거리에서도 더 멀게 느껴진다. 이를 색의 진출과 후퇴 효과라고 한다.

왜 이런 차이가 생길까. 색마다 굴절률이 다르기 때문이다. 빨간색은 굴절률이 작아서 눈의 망막보다 안쪽에 상이 맺힌다. 그러면 우리 눈의 수정체가 초점을 맞추기 위해서 부풀어 오른다. 즉 눈이 볼록 렌즈가 되므로 빨간색 사물이 가깝게, 팽창되어 보이는 것이다. 반면 파란색은 굴절률이 커서 눈의 망막 바로 앞에 상이 맺힌다. 초점을 맞추기 위해 수정체가 얇아지는데 이로 인해 파란색의 대상은 멀리, 축소되어 보이는 것이다.[i]

이런 원리에 따라 공간도 색에 따라 멀고 가까움, 넓고 좁은 정도에 차이가 난다. 똑같은 면적이어도 밝은색으로 칠한 부분이 더 넓어 보이고 어두운색으로 칠한 부분이 더 작아 보이는데, 이를 색의 팽창과 수축 효과라고 한다. 흰색에 가까운 밝은색일수록 크고 가볍고 팽창되어 보이며, 검은색에 가까울수록 수축된 느낌을 준다. 날씬하게 보이고 싶을 때 검정색 옷을 입는 것이 바로 이런 효과 때문이다.

같은 거리에서도 더 가깝게 느껴지는 색은 빨간색과 노란색 등의
따뜻한 색 계열이다. 파란색 같은 차가운 색 계열은
동일한 거리에서도 더 멀게 느껴진다.

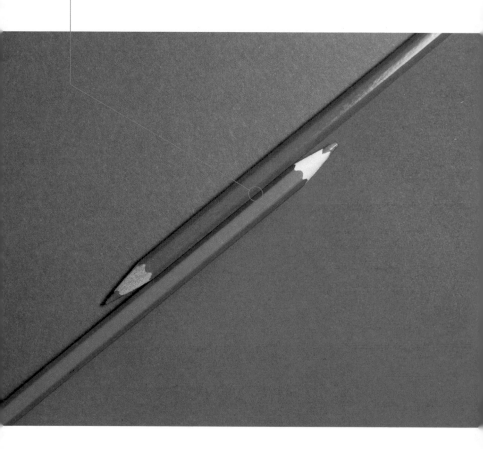

공간을 두 배로 키우는 방법

　밝은색을 사용하면 공간이 넓어 보이고 어두운색을 사용하면 공간이 좁아 보인다는 원리를 안다고 해도, 모든 공간을 다 환하게 꾸미기 어려울 때가 있다. 모든 것이 하얗기만 한 공간은 밋밋하고 지루함을 불러올 수 있고 나만의 개성을 드러내기도 어렵다. 어떻게 색을 사용하는 것이 좋을까.

　우선 공간에 사용하는 색을 크게 중심이 되는 베이스 컬러와 느낌을 살려주는 악센트 컬러로 나눈다. 옷차림에 비유하자면 상의나 하의 색이 베이스 컬러라면 스카프, 모자, 가방, 구두가 악센트 컬러에 해당한다고 할 수 있다.

　공간의 70~80퍼센트를 베이스 컬러로 사용한다면 악센트 컬러는 20~30퍼센트 비율로 사용하는 것이 좋다. 악센트 컬러가 한 가지일 필요는 없지만 지나치게 다양한 색을 사용하면 산만한 인상을 줄뿐더러 공간을 좁고 답답하게 만들 수 있으므로 주의해야 한다.

베이스 컬러: 면적을 많이 차지하는 부분에 사용하는 컬러. 중심을 잡아주는 색. 전체 공간의 70~80퍼센트를 차지한다.

악센트 컬러: 면적을 좁게 차지하는 부분에 사용하는 컬러. 강한 인상을 주는 색. 전체 공간의 20~30퍼센트를 차지한다.

공간을 넓게 느끼도록 하려면 악센트 컬러도 여러 가지를 쓰기보다는 한 가지 톤에 맞춰 쓰는 것이 좋다. 예를 들어 핑크, 오렌지 등 따뜻한 계열의 색으로 통일하는 것이다. 공간을 넓게 차지하는 커튼, 가구 등은 베이스 컬러와 동일하게 맞추는 것이 좋다. 그래야 공간이 넓게 느껴진다. 이럴 때는 작은 소품 종류를 악센트 컬러로 사용한다. 무엇보다 좁은 공간일수록 너무 많은 색을 사용하지 않도록 주의해야 한다.

기본적으로 벽과 천장을 같은 계열로, 바닥은 다른 계열로 사용하는 것이 조화롭다. 공간을 넓어 보이게 하고 싶으면 고명도의 밝은색을 벽과 천장에 사용한다. 고명도의 색은 빛을 반사하는 성질이 있기 때문에 공간이 넓게 느껴진다. 이때 바닥은 벽이나 천장보다 어두운 색상으로 해야 안정감을 줄 수 있다.

반대로 공간을 아늑하게 보이게 하길 원한다면 어두운색으로 벽과 천장을 칠하고 바닥은 밝은색으로 칠한다. 공간이 좁아 보이는 대신 포근한 느낌을 준다.

환하고 밝은색이 공간을 넓어 보이게 하는데, 특히 흰색은 팽창되어 보이는 효과가 크다. 때문에 좁은 공간이라면 벽지나 바닥재 등 기본 마감재를 화이트 톤으로 꾸미는 것이 좋다.

공간을 넓어 보이게 하고 싶으면 고명도의 밝은색을 벽과 천장에 사용한다.
고명도의 색은 빛을 반사하는 성질이 있기 때문에 공간이 넓게 느껴진다.

창문이 있는 벽이 마법의 벽이다

색을 사용해 공간을 조화롭고 쾌적하게 만들기 위한 구체적인 방법들을 알아보자. 다음의 네 가지 법칙만 알아도 어떤 공간이든 더 넓어 보이게 만들 수 있다.

첫째, 창문이 있는 벽은 밝은색으로 칠하자. 창문이 있는 벽면을 밝게 칠하면 벽 전체에서 햇빛이 들어오는 것 같은 착시 효과를 느낄 수 있다. 창문이 있는 벽을 팽창색인 밝은색으로 칠하고, 반대편이나 옆에 있는 벽면을 어두운색으로 칠하면 명암 대비가 이루어져 공간이 넓어 보이는 착시 효과를 얻을 수 있다. 명암 대비가 커 공간을 넓어 보이게 하는 트릭이다. 빛이 들어오는 곳이 더 밝게 느껴지면, 공간 전체가 개방적인 느낌을 갖게 된다.

둘째, 좁은 공간일수록 벽과 마감재는 광택이 없는 무광으로 칠해야 한다. 작은 공간에서 광택이 있는 마감재를 사용할 경우 벽과 벽, 문과 문틀의 경계가 명확하게 구분되어 공간이 더 좁아 보일 수 있다. 벽도 무광인데 마감재까지 무광으로 하면 마감 부분까지도 공간의 일부분처럼 느껴져 좁은 공간이 더 넓어 보인다.

셋째, 큰 가구와 어두운 벽면의 톤을 맞춰야 한다. 옷장, 책장, 식탁, 침대처럼 생활에 꼭 필요하지만 공간을 많이 차지하는 가구는 부피감을 줄여주어야 한다. 이럴 때에는 어두운 벽의 색상과 톤을 맞추면 좋은데, 가구가 눈에 잘 띄지 않아 가구 외에 남은 공간이 적다는 인상을 피할 수 있다.

넷째, 만약 무늬가 있는 벽지를 사용할 경우에는 되도록 작은 무늬를 고른다. 기본적으로는 무늬를 사용하지 않는 것이 공간이 넓어 보인다. 그러나 공간에 변화나 독특한 느낌을 주고 싶어 무늬 벽지를 사용하고 싶다면, 최대한 무늬가 작고 잔잔한 것을 골라야 한다. 크고 화려한 무늬는 무늬 자체가 차지하는 공간감 때문에 벽이 좁아 보이게 된다.

벽면의 무늬와 가구의 톤을 맞추어야 공간이 답답하고 좁아 보이는 것을 피할 수 있다. 분홍색 꽃무늬가 들어간 벽지를 골랐다면 소파도 같은 분홍 계열의 색상으로 맞추어 배치하도록 한다. 벽지의 무늬 색과 가구의 색이 맞지 않을 경우 공간은 더 어수선하고 좁아 보인다.

마카롱 매장에 손님이 몰린 이유

가구나 집기는 색뿐만이 아니라 높이도 중요하다. 백화점이나 마트에서 에스컬레이터 주변의 매장을 살펴보면 집기들이 고객의 눈높이보다 낮게 배치되어 있다. 에스컬레이터를 타고 아래에서 위로 올라왔을 때 시야가 트여 있어야 매장 전체가 시원하게 한눈에 들어오고 매장의 공간이 넓어 보인다. 또한 내가 어디로 가야 하는지가 금세 파악된다. 공간의 동선이 고객의 머릿속에 그려져야 저쪽 매장도 가보고 싶고, 이쪽 매장도 가보고 싶은 마음이 생긴다. 공간이 넓어 보여야 매출이 오르는 이유가 바로 여기에 있다.

공간이 복잡하고 좁게 느껴지면 사람은 빨리 그곳을 피하고 싶어진다. 돌아다니고 싶은 마음이 없어지고 나가고 싶어진다. 좁게 느껴지는 것과 아늑하게 느껴지는 것은 다르다. 아늑한 느낌을 주는 공간도 좋지만, 그럴 경우 사람들은 움직이지 않고 한곳에만 머물고 싶어진다. 카페 같은 공간은 괜찮을지라도 종합쇼핑몰 같은 곳, 구석구석 물건을 구경하게 만들어야 하는 곳에서는 사람을 머물게 해서는 안 된다.

똑같은 넓이와 똑같은 개수의 매장을 가진 쇼핑몰이라 하더라도, 확 트인 느낌을 주고 밝아 보이는 쇼핑몰에서 사람들은 더 많이 움직인다. 당연히 소비도 더 많이 하게 된다. 이런 곳에서 매장 진열장의 높이가 높을 경우, 동선을 파악하기 힘들게 할뿐더러 전체적인 공간을 좁아 보이게 만든다.

그렇다면 진열장의 높이는 얼마나 되는 것이 좋을까. 백화점의 경우 각 매장 입구에 있는 진열대나 집기는 70~80센티미터 정도의 높이에 맞춘다. 안쪽에 위치한 진열대는 120센티미터로 높게 배치한다.

이는 비단 쇼핑몰 같은 곳에만 해당되는 원칙은 아니다. 가정

똑같은 넓이와 똑같은 개수의 매장을 가진 쇼핑몰이라 하더라도,
확 트인 느낌을 주고 밝아 보이는 쇼핑몰에서 사람들은
더 많이 움직인다. 당연히 소비도 더 많이 하게 된다.

집에서도 공간이 좁을 경우 헤드가 없는 침대나 낮은 책장 등으로 전체적으로 가구의 높이를 낮추면 좁은 공간이 넓어 보인다. 소파 대신 좌식방석과 테이블을 활용하거나 침대 다리 없이 매트리스만 놓고 사용하는 방법도 같은 원리라고 보면 된다. 답답한 느낌을 덜어줄 뿐 아니라 상대적으로 천장이 높아 보이는 효과를 주기 때문이다.

이때 무늬가 복잡하거나 다양한 색을 사용한 가구를 선택하면 가구의 존재감이 커지는 역효과를 가져온다. 이렇게 되면 가구가 차지하는 면적이 더 넓은 것처럼 느껴져서 남은 여유 공간이 좁아 보이게 된다. 공간이 좁을수록 심플한 디자인, 강렬하지 않은 색상의 가구를 골라야 보다 넓고 쾌적한 인상의 공간을 완성할 수 있다.

〈장사의 기술〉이라는 방송 프로그램을 촬영할 때 한 카페를 방문했다. 수제 마카롱과 쿠키를 파는 15평 정도의 작은 카페였다. 전체 테이블의 개수는 5개, 의자는 15개 정도가 있었다. 입구에 있는 의자는 분홍색, 안쪽에 있는 의자는 노랑색, 소파는 진한 자주색이었고 테이블은 흰색과 갈색이 섞여 있었다. 집기는 붉은빛이 도는 갈색, 냉장 케이스는 검정색이었다. 매장 안에는 화분도 여러 개 있었는데 색상이 모두 달랐다.

안 그래도 좁은 매장에 다양한 색상들이 내는 정신없는 소리가 가득했다. 이런 경우에는 색상만 정리해줘도 공간이 두 배로 넓어 보이는 효과가 있다. 주제색은 연두색, 보조색은 갈색, 바탕색은 흰색으로 정했다.

우선 바탕을 깨끗하게 만드는 작업부터 시작했다. 가구와 집기를 다 교체할 수는 없었기에, 여러 색상의 의자와 집기 위에 흰색 시트를 입혔다. 잡다한 물품을 모아 둔 창고 앞에도 흰색 패널을 만들어 세우고, 색상이 맞지 않는 화분은 모두 정리했다. 바탕이 흰색으로 깨끗해지니 공간이 두 배로 넓고 시원해졌다. 집기와 가구의 색상이 튀지 않으니 주요 제품인 마카롱의 예쁜 색상들이 먼저 눈에 들어왔다. 고객이 급증한 것은 물론이다. 이렇게 공간을 넓어 보이게 하고 싶다면 공간의 바탕색과 집기나 가구의 색상을 통일하는 게 좋다.

Winning Color

Nº **10**

똑같은 물건이
그 사이트에서만 잘 팔린다면

온라인에서 색을 잘 사용하는 법

공간을 넓게, 입체감 있어 보이게 하는 건 오프라인뿐만 아니라 온라인 공간에서도 필요하다. 오프라인과 달리 언제 어느 때나 접속할 수 있고, 그 안에서 무한히 돌아다닐 수 있는 것이 온라인이지만 웹사이트, 앱 화면 등은 기본적으로 사각형의 작은 평면 공간이다. 한정된 크기와 형태의 공간이기 때문에 단조로워 보이기 쉽고, 답답해 보이기 쉽다.

특히 제품을 보여줄 때가 문제다. 온라인은 실물이 아닌 제품의 작은 이미지를 사각형 안에 넣는 방식을 택한다. 최대한 제품을 잘 보여주기 위해 사각형 한가운데에 크게 넣으면 도리어 더 답답해 보이고, 매력적으로 보이지 않는 경우가 많다. 이때도 색을 어떻게 사용하느냐에 따라 제품을 더 멋진 방식으로 선보일 수 있다.

일단 정해진 사각형 이미지라는 공간을 입체감 있어 보이도록 하는 게 중요하다. 한정된 공간을 넓어 보이게 하려면 원근감이 필요하다. 색을 이용해 이 원근감을 극대화시키는 방식이 바로 그러데이션 배색이다. 지금은 포토샵이나 그래픽 기술을 이용해 그러데이션 효과를 주기가 쉽지만, 기술이 발달하기 전에는 그러데이션 효과를 잘 만들기가 어려웠다. 특히 오프라인에서는 매우 힘들었다. 예전에 한 매장을 리뉴얼할 때 에어브러시에 점도가 낮은 페인트를 공기압으로 뿌려서 그러데이션 효과를 준 적이 있다. 이때만 해도 균일하고 자연스러운 단계를 만드는 데에 숙련된 기술자가 필요했다. 그러나 지금은 얼마든지 쉽고 다양하게 그러데이션 효과를 만들어낼 수 있고, 온라인에서는 더욱 활용도가 높다.

똑같은 화면이 더 커 보이려면

그러데이션은 한 가지 색에서 자연스러운 단계로 변화를 줄 수도 있고 두 가지 색, 혹은 여러 가지 색으로도 가능하다. 그러데이션 기법의 가장 큰 장점은 같은 공간을 더 넓게 느끼도록 할 수 있다는 것이다. 거리가 가까울수록 그러데이션 색상을 강하게, 거리가 멀어질수록 그러데이션 색상을 약하게 하면 된다.

만약 쇼핑몰의 상세 페이지를 제작한다고 가정해보자. 제품보다 옅은색의 배경을 써야 제품이 더 도드라져 보일 것이다. 보라색 화장품을 보여준다면 배경으로 같은 계열의 색인 옅은 보라색을 쓰는 것이 좋다. 배경에 그러데이션을 주면 공간감을 확장시켜 제품이 눈앞으로 더 가깝게 다가오는 듯한 효과를 줄 수 있다. 이때 제품과 배경 사이의 명암 대비가 클수록, 배경 그러데이션의 명암 변화가 클수록 효과는 더 극대화된다.

단색 배경을 쓰는 것보다 그러데이션 효과를 쓰면 훨씬 더 고급스럽게 보인다. 제품 뒤에 있는 배경에 그러데이션 배색을 쓸 때, 크게 두 가지 방법이 있다. 첫 번째는 제품과 동일한 색상으로 그러데이션을 주는 것이다. 제품과 배경의 색이 같은 계열이면 안정감과 신뢰감을 준다는 장점이 있다.

두 번째는 제품과 보색 관계에 있는 색을 배경으로 사용해 그러데이션 효과를 주는 것이다. 이럴 경우 제품이 더욱 부각되어 보이고 전체적으로 생동감이 넘치는 이미지가 만들어진다. 고급 화장품을 보여줄 때는 배경에 동일 배색 그러데이션을 사용하고, 선블록 같은 활동성이 강한 제품을 보여줄 때는 배경에 보색 대비 그러데이션을 사용하면 효과적일 것이다.

그러데이션은 길이감을 강조하는 효과가 있다. 만약 온라인에서 보여주는 이미지가 정사각형에 가까울 때 그러데이션 효과를 사용하면 이미지가 더 길어 보인다.

이와 같은 효과는 다양한 경우에 응용될 수 있다. 네일아트 시

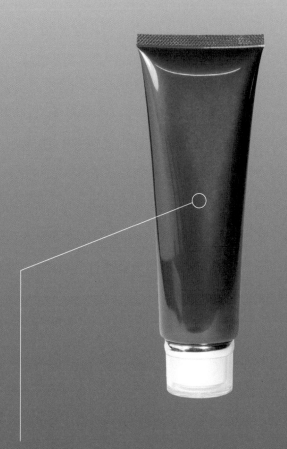

보라색 화장품을 보여준다면 배경으로 같은 계열의 색인 옅은 보라색을
쓰는 것이 좋다. 배경에 그러데이션을 주면 공간감을 확장시켜
제품이 눈앞으로 더 가깝게 다가오는 듯한 효과를 줄 수 있다.

에 손가락을 더 가늘고 길어 보이게 하고 싶으면 손톱 아래를 밝은색 매니큐어로 시작해서 끝부분으로 갈수록 짙게 칠하면 된다.

빛나는 백색의 세계를 이해하라

온라인에서 색을 사용할 때 가장 염두에 두어야 하는 점은 온라인 환경에서는 항상 바탕이 흰색이라는 것이다. 오프라인에서만 주제색-보조색-바탕색이 있는 게 아니라 온라인에서도 주제색-보조색-바탕색이 있다. 온라인은 기본적으로 흰색이 바탕색이다. 특히 모니터와 액정을 통해 '발광하는 흰색'의 세계다. 이 빛나는 흰색과 어울렸을 때 제품이 더 매력적으로 보이려면, 혹은 내 브랜드가 더 빨리 인지되려면 더 선명한 색을 사용하는 수밖에 없다. 게다가 모니터보다 스마트폰을 더 많이 보는 시대가 도래하면서 사람들이 들여다보는 화면 또한 작아졌다. 여기에 맞춰 온라인에서 보이는 이미지도 더 작아지면서 이런 경향은 더욱 강해지고 있다.

크롬 로고의 변천사만 봐도 알 수 있다. 2014년 이후 8년 만인 2022년, 크롬은 로고를 다시 디자인했다. 구글 소속 디자이너 엘빈 후(Elvin Hu)는 2008년부터 현재까지 변화한 크롬 로고 디자인을 자신의 SNS에 게재하면서 그 미묘한 변화에 대해 설명했다.

2014년 크롬 로고와 2022년의 크롬 로고를 비교해보면 형태 면에서는 거의 차이가 없다. 중앙에 파란색 동그라미가 좀 더 커졌을 뿐이다. 하지만 컬러는 훨씬 더 선명해졌다. 또한 2011년과 2014년 로고 모두에 있던 그림자가 없어졌다.

엘빈 후는 이렇게 말한다. "초록색과 빨간색을 나란히 배치해 해당 색상에 음영을 넣었을 경우 불쾌한 색상 진동이 발생합니다. 이 사실을 발견하고 해당 요소를 제거해 사람의 눈으로는 쉬이 발견하기 어려운 미세한 진동을 없앴습니다. 동시에 아주 세밀한 구도의 변화를 주어 로고를 단순화시키고 앱 접근성을 높였습니다."

이처럼 온라인에서 색을 사용할 때는 사람들의 눈에 인지되는 데에 방해가 되는 요소들을 걷어주는 것이 좋다. 온라인에서 색상을 쓸 때는 오프라인보다 더 밝고 선명한 색을 사용해야 사람의 눈을 끌 수 있다.

그런데 색을 선택하기가 어려울 수 있다. 지금까지 살펴보았듯이 색상별로 불러일으키는 감정과 의미가 각각 다르다. 따라서 불특정한 고객을 대상으로 하는 브랜드에서는 화려한 특정 색상을 사용하는 게 어울리지 않을 수 있다. 이럴 때는 '블랙 앤드 화이트'도 좋은 전략이다. 온라인 화면에서 보이는 검정과 흰색은 빛을 내고 있기 때문에 오프라인에서보다 훨씬 더 가독성이 좋게 느껴진다.

무신사, 크림, 에스아이빌리지, W컨셉 등의 패션 플랫폼 어플들

온라인에서 색을 사용할 때는 사람들의 눈에 인지되는 데에
방해가 되는 요소들을 걷어주는 것이 좋다. 온라인에서 색상을 쓸 때는
오프라인보다 더 밝고 선명한 색을 사용해야 사람의 눈을 끌 수 있다.

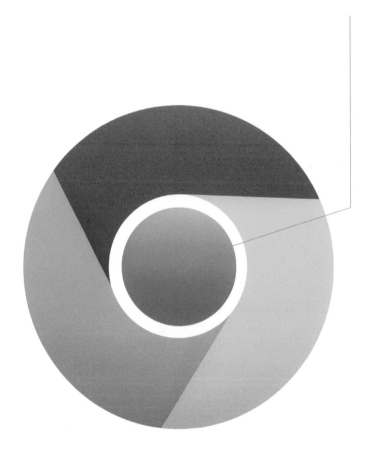

은 모두 검정 바탕에 흰 로고를 쓰는 디자인을 사용한다. 해외 패션 플랫폼 어플에서도 이와 비슷한 경향을 보인다. 그 이유는 우선 온라인의 바탕이 흰색이어서 검정 사각형이 눈에 빨리 띈다는 장점이 있기 때문이다. 또 다른 이유로는 패션 플랫폼이 그 안에 수많은 브랜드들을 담고 있기 때문이다. 입점해 있는 브랜드의 다양한 정체성을 다 담기 위해서 모든 걸 포용하는 검정이라는 색을 선택하게 되는 것이다.

온라인 사이트는 바탕이 흰색이기에 기본적으로 저렴한 느낌이 들 수 있다. 또한 구입이 쉽다는 점도 온라인 소비의 가격대를 낮게 느끼게 하는 심리적 요인이 된다. 그렇다면 온라인에서 판매하는 제품을 더 고급스럽게 보이도록 하는 방법은 없을까.

주식 거래 앱이 두 개의 색을 쓴 이유

이럴 때는 바탕색을 바꾸어 제품을 더 멋지게 보이게 하는 방법이 있다. 러시아의 디저트 브랜드 '본 제니'의 웹사이트에 들어가면 사이트 바탕 전체가 검정으로 되어 있다. 검정색 바탕에 색색의 마카롱, 케이크 등의 이미지가 놓여 분홍 마카롱의 색이 더 선명하게 보이는 동시에 더 고급스럽게 보인다.[i]

블랙 앤드 화이트 전략을 잘 활용한 사례가 하나 더 있다. 미국의 주식 거래 앱 '로빈후드'도 바탕색이 검정이다. 사용자의 80퍼센트가 밀레니얼 세대인 이 앱은 단연 '밀레니얼 세대 친화적'인 디자인을 선보이며 2015년 애플 디자인 어워드(Apple Design Awards)에서 수상하기도 했다. 로빈후드 앱의 디자인은 무엇이 다를까. 단순한 디자인을 강조한다. 복잡하게 정보를 나열하지 않고, 주식 시장의 움직임을 명확하면서 뚜렷한 방식으로 표시하는 색상을 선택했다는 점이 가장 눈에 띈다. 로빈후드 앱에는 '낮과 밤' 모드가 있는데 주식 시장이 열려 있을 때는 흰색 배경, 닫히면 검은색 배경을 사용한다.

로빈후드의 사용자는 평균 연령이 26세이며 그들 중 50퍼센트가 매일, 90퍼센트는 일주일에 한 번 이상 앱을 방문한다는 특징이 있다. 이 점을 살려 로빈후드는 24시간 열려 있는 온라인 세상에서 바탕화면 색의 변화만으로 거래 가능 시간을 직관적으로 알려주는 방법을 택했다. 고객이 무엇을 불편하게 느낄지 끊임없이 연구하고, 색을 통해 더 빠르게 더 직관적으로 문제를 해결한 것이다.[ii]

온라인 화면이 늘 발광하고 있다고 해도, 온라인 세계에는 오프라인과 달리 '빛(조명)'이 없다는 점을 이해하는 것도 중요하다. 조명은 입체감과 물질감을 느끼게 하는 데에 필수 요소이다. 조명이 없기 때문에 온라인에서 보여주기 힘든 색이 바로 금색과 은색이다. 금색과 은색은 금과 은이라는 물질의 표면 느낌에서 온 색인

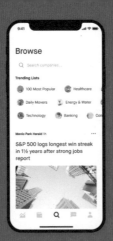

온라인과 앱은 바탕이 빛나는 흰색이다.
쉽고 발랄해 보이지만 고급스러워 보이지는 않는다.
이럴 때는 바탕색을 바꿔도 좋다.
검정 바탕은 평범한 물건도 고급스럽게 한다.
주식 거래 앱 로빈후드는 '낮밤' 모드를 이용,
이 두 가지 장점을 다 취했다.

데, 그 물질의 느낌은 빛이 있어야만 제대로 표현이 된다. 때문에 온라인에서 금색과 은색을 표현하려고 해도, 단지 그 색상을 사용하는 것만으로는 잘 전달하기가 어렵다. 인위적으로 빛의 효과를 주는 장치가 반드시 있어야 하고, 실제 사진을 찍어 제품을 보여줄 때도 조명과 자연광을 잘 사용해야 한다. 그래야만 금색과 은색을 통해 표현하고 싶은 고급스러움이 느껴질 수 있다.

그 사이트에 물건이 더 많아 보인다면

온라인 매장을 방문하는 고객은 오프라인보다 제품이 더 많기를 기대한다. 동시에 실물을 확인할 수 없고, 보이는 이미지가 작기 때문에 자기가 원하는 제품을 빨리 찾고 싶어 하는 욕구도 있다. 이 두 가지 욕구를 동시에 만족시키려면 어떻게 해야 할까. 오프라인에서 색을 사용해 제품을 진열하는 방법과 기본적인 원리는 같다. 색을 사용해 제품을 효과적으로 진열하는 데에는 크게 다섯 가지 방법이 있다.

1. 색의 순서대로 배열한다

사람들이 색의 변화를 연속적으로 느낄 수 있도록 빨주노초파남보 순서로 배열하는 것이다. 다양한 색상의 셔츠를 일렬로 걸어 둘 때 쓰면 좋은 방법이다. 그렇게 하면 제품이 더 다양해 보이면서 동시에 원하는 색상의 제품을 빨리 찾을 수 있다.

2. 밝고 어두운 순서대로 배열한다

밝은색 제품부터 어두운색 제품으로 이어지게 배열한다. 이렇게 하면 각 제품들의 미세한 차이를 더 분명히 느껴지게 하여 선택의 폭이 넓어지는 듯한 기분이 드는 효과가 있다.

3. 같은 계통의 색상끼리 배열한다

제품을 따뜻한 색 계통끼리, 차가운 색 계통끼리 나누는 것이다. 그 중간에 흰색이나 회색 계통의 제품을 놓으면 두 계통의 분류가 더 자연스럽게 느껴진다.

4. 옅은 색과 짙은 색을 구분하여 배열한다

옅은 색끼리, 짙은 색끼리 각각 모아 두면 제품의 가격대가 다양한 것 같은 느낌을 줄 수 있다.

5. 화려한 색을 배열할 때는 중간에 무채색을 끼워넣는다

색이 화려하고 무늬가 많은 제품들이 모여 있으면 제품이 빨리 인식되지 않는 문제가 있다. 이때는 중간에 흰색, 회색, 검정색과 같은 무채색의 제품들을 끼워 넣는다.[iii]

'저 온라인 사이트에 들어가면 다 비슷비슷한 제품들 밖에 없네' 라는 느낌이 들지 않으려면, 색을 활용한 오프라인 제품 진열 방식을 응용해봐도 좋다. 만약 자연주의 제품을 지향하는 사이트라고 해도 모든 제품들이 다 연한 녹색이거나 베이지색이면 싫증을 느끼기 쉽다. 비슷한 제품들이 계속 올라온다고 생각해 자주 들어가 보지 않게 되는 법이다. 이럴 때는 제품들 중에서도 더 옅은 색 제품끼리, 더 짙은 색 제품끼리 붙여 놓아서 색의 변화가 있음을 더 분명하게 느끼도록 하는 게 좋다. 중간중간 강렬한 색상의 제품을 배치해 변화를 주는 것도 방법이다. 반대로 화려한 색상의 제품들이 너무 많은 경우에는 그 사이에 무채색을 넣으면 제품이 서로 더 돋보이게 될 것이다. 하나하나의 제품에 눈이 가면 이것저것 고르는 느낌을 받아 사고 싶은 제품도 더 많아지게 된다.

이미 오프라인 세계에서 색을 사용한 여러 가지 마케팅과 브랜딩 방법이 만들어졌다. 이 기본 원리를 바탕으로 할 때, 온라인 시대에는 더 과감한 색의 사용이 가능하다. 온라인 시대에는 색의 중요성이 더 크다. 인스타그램 같은 SNS의 발달만 그 요인이라 할 수는 없다. 여기에는 색을 구현하는 기술 발전이 더 큰 역할을 했다.

2000년대에 들어서면서 디스플레이 기술은 정점에 달했다. 수많은 컬러의 차이를 더 세밀하게 표현할 수 있게 되었다. 컬러 TV의 발전사만 봐도 금방 알 수 있다. 똑같은 컬러 화면이라도 해도, 10년 전의 화면과 비교해보면 지금의 화면이 표현할 수 있는 색의 수가 엄청나게 많아졌다. 이제는 인간의 눈으로는 구별할 수 없는 색을 기술로 만들어내고, 모니터로 구현하는 시대가 되었다.

파란색이라고 해도 옅은 파랑, 짙은 파랑 정도가 아니라 '미네 랄 블루' '인디고 블루' '스민트 블루' 등 미세하게 다른 색들이 등 장했다. 여기에 다양한 이름을 붙이면서 색에 대한 감각은 더 예 민하게 발달하고 있다. 각종 SNS에 올라오는 색색의 이미지들을 보면 고객이 제품을 선택하는 기준, 브랜드를 신뢰하는 기준으로 서 색의 중요성이 더 커지고 있음을 알 수 있다. 온라인 생태계에 서 성공하려면 온라인에서 고객과 컬러로 커뮤니케이션하는 법을 알아야 하는 것이다.

감성언어 없이는
비즈니스도 없다

멕시코에는 색깔들이 어떻게 생겨났는지에 대한 이야기가 전해 내려온다. 태초에는 색이 없었다. 밤을 다스리는 검정과 낮을 다스리는 하양, 오후와 새벽에는 회색으로 되어 있는 잿빛 시절이었다. 이 시절에는 신들도 인간들도 툭하면 다퉜다. 매일이 따분하고 지루했기 때문이다. 이에 일곱 신들은 세상을 칠할 색을 구하러 다니기 시작한다. 피에서 빨강을, 희망에서 녹색을, 커피에서 갈색을, 지구에서 파랑을, 웃음에서 노랑을 가지고 온다. 그리고 이 모든 색들을 색동 앵무새의 꼬리에 칠해 모아 둔다. 인간의 세계에서 색이 다양해지니 그만큼 생각도 다양해졌고, 서로 다툼이 줄어들면서 세상이 평화로워졌다는 이야기이다.[i]

신의 시대에서 인간의 시대로 오는 과정에서 색깔이 만들어졌던 것처럼, 흑백의 시대에서 무채색의 시대로 그리고 컬러의 시대로의 변화를 보면, 앞으로 색의 세계는 더 많은 가능성을 가지고 열려 있음을 짐작할 수 있다.

경기도에 위치한 복합 문화공간 '아지트 아날로그'에 가면 색의 시대가 왔다는 증거를 제대로 볼 수 있다. 이곳이 핫플레이스가 된 건 테니스 코트 때문이다. 벽돌색이나 어두운 파란색 계열을 쓰는 보통의 테니스 코트와 달리 이곳은 보라색이다. 이 보라색 코트는 낮에도 눈길을 끌지만, 야간에 조명을 켜고 보면 훨씬 더 감성적인 분위기를 만들어낸다. 이 독특한 색감 때문에 수많은 사람들이 코트의 사진을 찍어 SNS에 올린다. 테니스를 칠 줄 모르는 사람도 상관하지 않는다. SNS에서 이런 이미지를 접해본 사람들은 나도 가보고 싶다는 강렬한 충동을 느낀다. 이처럼 새로운 색을 만들어내는 것 자체가 제품이자 서비스, 라이프스타일이 되는 시대가 등장했다.

강력한 감정을 불러일으키는 언어

인간이 구별할 수 있는 색은 몇 가지나 될까. 이론적으로는 약 200만 가지라고 한다.[ii] 색의 역사를 연구한 사학자 미셸 파스투로(Michel Pastoureau)는 "실재의 색과 꿈꾸어진 색이 서로 결합하고 있는 시대"라는 말을 했다.iii 자기만의 고유한 색, 존재하지 않았던 색을 만들고 싶어 하는 욕망은 기업과 개인을 가리지 않고 발생하고 있다.

팬톤은 세계적인 색채 기업이다. 창업자 로렌스 허버트(Lwrence Herbert)는 표준이 없던 색에 고유의 이름을 붙이고 체계화하면서 사업을 시작했다. 팬톤 기업은 전 세계 산업에 막대한 영향을 미친다. 매년 팬톤이 '올해의 컬러'를 선정하면 이를 활용한 제품과 마케팅이 무수히 시도된다.

팬톤은 각 기업에 맞는 고유의 색을 만들어주는 사업도 하고 있다. 대표적인 예가 주얼리 브랜드 티파니의 주제색이다. 밝은 녹색과 파랑의 중간에 있는 듯한 이 색은 티파니가 설립된 1837년을 기념하여 'PMS1837'이라는 고유 번호를 가지고 있지만, 통상 '티파니 블루'라는 이름으로 불린다. 색 자체에 기업의 고유한 의미와 스토리를 입혀 그 누구도 가져갈 수 없는 그들만의 정체성이 만들어진 것이다.

다양한 색을 찾고 거기에 의미를 부여하는 경향은 표준화된 정체성을 거부하는 세대들의 성향과 맞물려 더 확장될 것이다. 오늘의 소비자들은 자기 안에 있는 다양한 정체성을 표출하기를 즐긴다. 다중 인격을 뜻하는 '멀티 페르소나(multi persona)'라는 말이 긍정적인 의미로 쓰이는 시대가 되었다. 그만큼 소비 성향이 세분화

Color of
the Year
2022

Very Peri
17-3938

팬톤 기업은 전 세계 산업에 막대한 영향을 미친다.

매년 팬톤이 '올해의 컬러'를 선정하면

이를 활용한 제품과 마케팅이 무수히 시도된다.

되고 감정적 요소가 중요해지고 있기에, 과거보다 훨씬 직관적이고 비언어적인 고객 커뮤니케이션이 필요한 것이다. 색은 말이나 글보다 훨씬 더 빠르게 감정을 증폭시킨다는 점에서 이제 또 다른 '고객 언어'로 접근해야 할 것이다.

색마다 스토리를 입혀라

사람들의 미적 감각은 점점 더 예민해지고 있다. 《이코노미스트》의 편집자였던 카시아 세인트 클레어(Kassia St Clair)는 『컬러의 말』라는 책에서 75개의 색과 그 색에 얽힌 이야기를 다루었다. 여기에는 읽는 것만으로 사람에게 다채로운 감정을 불러일으키는 색의 이름이 나온다. '나폴리 옐로' '쇼킹 핑크' 등 정확하게 어떤 색상인지 모르지만 이름에서 바로 고유한 감성이 느껴진다. "색이란 사람들이 각자 다르게 인식하는 감정에 대한 경험"이라고 한 괴테의 통찰이 색의 이름만 봐도 느껴지는 것이다.

이러한 경향은 소비 과정에도 이미 깊숙하게 들어와 있다. 이제 단순히 흰색이라고 말하지 않고 도자기와 같은 흰색을 표현하는 '포슬린 화이트'라고 표현한다. 갈색에 '황실'을 뜻하는 단어를 붙여 '임페리얼 브라운'이라고 부른다. 이런 색의 이름을 붙인 제품은 수백만 원 대의 고가 상품으로 소비자들에게 자신의 가격을 설득시킨다.

그런 점에서 색을 잘 사용하는 법에 대해 마지막으로 생각해봐야 하는 것은 무엇일까. 바로 '새로운 색'을 만드는 일이다. 새로운 색은 없던 색상을 만드는 일이기도 하고, 색에 이름과 의미를 붙이는 일이기도 하다. '티파니 블루'처럼 명칭을 붙이고 히스토리를 입히는 것이다.

이는 브랜딩 전략의 확장판과 같다. 브랜딩이란 내 고객이 나를 계속해서 기억하게 만들고, 나에 대한 신뢰를 높여가는 과정이다. 브랜딩의 보조적인 역할을 해왔던 컬러가 이제는 브랜딩의 핵심이 되어가고 있다.

그런 점에서 색을 다룰 때 기존의 상식과 유행하는 컬러에서 벗어난 시도들을 해보는 것이 좋다. 미셸 파스투로는 영원하고 절대적인 색의 법칙이 있는 것처럼 사고하는 경향이 도리어 소비자들에게 반감을 주는 결과를 낳을 수 있다고 말한다. 이를테면 물과 관련된 제품이라고 모두 파란색일 수 없다. 오히려 그렇게 접근하면 색이 가진 다채로운 힘을 잃어버리기 때문이다.

색에 대한 본질적인 두려움은 컬러를 몰라서라기보다는 자신을 모르기 때문이다. 이 책이 담은 '색의 10가지 법칙'도 색 자체에 대한 상식을 키우는 것이 아니라, 자신의 정체성에 대한 자신감을 만들어가는 데에 도움이 되기 위한 것이다. 마법 같은 힘을 가진 컬러를 두려움 없이 활용할 수 있다면, 고객의 마음을 얻고 원하는 성공을 이룰 수 있을 것이다.

부록1

color

s t o r y

색깔에 얽힌 이야기들을 알면 색의 의미를 이해하고

색을 활용하는 데에 도움이 된다.

사실 색은 빛을 분화시켜놓은 것이기에

그 경계가 불분명하며 연속적이다. i

때문에 여기서는 주요 색들만 다루지만

관련된 내용은 인접한 여러 색상들에도 적용될 수 있다.

red

빨강
인간이 최초로 사용한 색

- 빨강은 선사시대의 예술과 장식에서 가장 먼저 나타나는 색이다.
- 히브리어에서 최초의 인간인 '아담'이라는 이름은 피를 뜻하는 단어 '담(dam)'과 관련이 있다.
- 인도에서는 딸의 결혼식에 아버지가 '핏빛 사리'를 선물한다.
- 뉴질랜드 마오리족 전사들은 전투를 앞두고 보호해달라는 의미에서 온몸을 붉은색으로 칠한다.
- 붉은색은 혁명의 상징이다. 프랑스 혁명 당시 자코뱅파가 '붉은 깃발'을 내걸면서 본격적으로 저항을 상징하는 색이 되었다.
- 잉카인들은 여신 마마 우아코가 빨간 옷을 입고 페루의 동굴에서 나타났다고 믿는다.
- 빨강은 귀족적인 색이다. 붉은색 염료가 매우 비쌌기에 유럽에서 빨강은 귀족, 추기경, 부유한 상인들의 옷에만 주로 사용되었다.

How to | 빨강은 열정적이고 현대적인 브랜드와 어울린다. 신체 반응을 가장 많이 일으키는 색이기 때문에 음료, 과자, 의약품 등 먹는 제품을 다루는 업종에 사용하면 좋다.

pink

분홍
청춘으로 돌아가게 해주는 색

- 처음에 분홍은 장밋빛이라는 뜻에서 '로즈(rose)'라는 이름으로 불렸다.
- 분홍은 소녀들의 색으로 알려져 있으나, 20세기 이전 회화에서는 남자아이에게도 분홍색 옷을 입힌 그림들이 종종 발견된다.
- 미국 퍼스트레이디의 색이기도 하다. 아이젠하워 대통령 취임식에서 퍼스트레이디 마미 아이젠하워는 핑크색 드레스를 입었으며, 케네디 대통령의 부인 재클린 케네디는 샤넬의 핑크색 슈트를 자주 입었다.
- 영국군 SAS는 정찰용 차량의 위장 색으로 분홍을 쓴다. 사막에서 노을이 질 때쯤에 위장 효과가 좋으며 모래, 바위 등과 섞여 자연스럽기 때문이다. 이 색을 '데저트 핑크'라고도 부른다.
- 분홍을 남성들이 전복적으로 사용하는 경우도 있다. 권투선수 슈거 레이 레너드 (Sugar Ray Leonard)는 첫 번째 세계 챔피언 타이틀을 쥐었을 때 분홍색 캐딜락을 구입해 화제가 되었다.
- 분홍은 행복을 느끼게 하는 색이다. 1950년대 미국은 분홍의 시대였는데, 이는 광고업자들이 전쟁이 끝난 후의 밝은 분위기를 자극하여 소비를 촉진하기 위함이었다.

How to | 편견을 강화한다는 비판에도 불구하고 분홍은 여성의 색이다. 뷰티, 미용, 란제리 등의 브랜드에 즐겨 사용된다. 분홍은 젊음을 뜻하기도 해 명랑한 감성을 불러일으키고자 하는 브랜드에도 잘 어울린다.

yellow

노랑
행복과 약속을 뜻하는 색

- 노랑은 중세에는 부정적인 색이었다. 중세유럽 회화에서는 예수를 배신한
  유다에게 노란색 옷을 입혀 그의 이중성을 드러냈다.
- 미국의 여성 참정권 운동가들은 1867년 캔자스에서 항의의 상징으로
  노랑을 사용하기 시작했다. 노랑은 캔자스주의 꽃 야행 해바라기의 색이었다.
- 노란 리본은 오래전부터 전쟁에 나갔다 집으로 돌아오는 병사들을 환영하는
  의미로 사용되었다.
- 중국 불교에서는 노랑을 숭상하여 승려들의 법복으로 사용하고 있다.
- 화가 빈센트 반 고흐의 그림에는 노랑이 유독 많이 나온다. 해바라기,
  노란 금잔화, 별, 가로등 등이 그것이다. 그의 정신병적 증상과 관련되어 있으며
  노란 물감을 짜서 바로 입으로 가져갔다는 이야기도 있다.
- 프랑스에서는 책을 홍보하는 수단으로 노란색 표지를 사용했다. 노란색 표지의
  책은 반체제적이고 외설스러우며 퇴폐적인 소설을 뜻했다. 오스카 와일드의 작품
  『도리언 그레이의 초상』에는 주인공 도리언이 노란 책을 읽다가 타락하는
  장면이 나온다.

How to | 노랑은 긍정적인 느낌을 주려는 브랜드와 어울린다. 밝은 햇빛의 느낌을
가지고 있기 때문에 피트니스 산업과 같이 육체 활동과 관련된 업종에서 사용해도
잘 어울린다.

green

초록
성장하는 모든 것들의 색

- 초록을 뜻하는 단어 그린(green)은 고대 영어 '자라다(growan)'에서 유래한다. 이에 성장을 뜻하는 색이다.
- 유럽에는 초록이 불행을 가져다주기 때문에 결혼식에서 초록색 옷을 입지 말아야 한다는 미신이 있다.
- 초록은 요정의 색이다. 유럽에는 인간이 요정의 색을 사용하면 위험한 일이 벌어진다는 속설이 있다.
- 초록은 괴물의 색이기도 하다. 셰익스피어의 희극『오셀로』에 등장하는 "초록 눈의 괴물"이라는 표현은 주인공 오셀로의 '질투'를 지칭한다.
- 고대 이집트에서 오시리스 신은 초록색 피부를 가지고 있다.
- 숲의 의적 로빈 후드의 옷 색깔은 초록색 중에서도 회색이 섞인 황록색이다. 1510년판『로빈 후드』에는 "황록색 옷을 입은 뒤부터 그들은 회색 옷을 쳐다보지도 않았다"라는 대목이 있다.
- 이슬람에서는 초록을 숭상하는 문화가 강하다. 이슬람 회화에서 선지자 마호메트는 초록 터번을 두르고 있다. 또한 세계 곳곳의 이슬람 사원들이 초록색 돔을 가지고 있다.

How to | 초록은 성장을 뜻하므로 교육 브랜드 등에 널리 사용된다. 현대에는 웰빙, 친환경, 공정을 상징하는 색으로 널리 사용된다.

blue

파랑
지적 능력을 상징하는 색

- 하늘과 물의 색인 파랑은 차분함을 준다. 파란색 표지의 IQ 테스트지를 받은 이들이 빨간색 표지를 받은 사람보다 점수가 더 높다는 연구 결과가 있다.
- 파랑(blue)이 '우울하다'는 뜻으로 쓰이게 된 것은 항해와 관련 있다는 설이 있다. 원양 항해가 활발하던 시절, 선장이나 장교가 항해 중에 사망하면 푸른 깃발을 게양했다고 한다.
- 파랑은 성모 마리아의 색이다. 회화에서 성모 마리아는 푸른 망토를 입은 모습으로 그려진다.
- 힌두교에서 최고의 신 비슈누는 물과 관련된 신으로 파란색 피부를 가지고 있다.
- 파랑을 사랑한 화가들이 많은데, 그중 프랑스 화가 이브 클랭(Yves Klein)은 자신의 이름을 딴 색 '인터내셔널 클랭블루'로 유명하다. 그는 최대한 순수한 파랑을 개발해 죽기 전까지 파랑으로 가득 채운 작품을 200점 가까이 그렸다.
- '블루 스타킹'은 1750년경 런던에서 몬터규 부인, 비제 부인, 오드 부인 등 세 사람의 여성이 주축이 된 문학살롱의 별명에서 유래된 것으로 '지성이 뛰어난 여성'들을 상징하는 말이다.
- 팔레스타인과 시리아 지역에서 쓰는 "뼈가 파랗다"라는 말은 나쁜 사람이라는 뜻이다.

How to | 파랑은 차가운 느낌을 주기 때문에 이성적이고 미래지향적인 브랜드와 잘 어울린다. 전통적으로 IT 분야에서 즐겨 쓰며, 금융 분야에도 잘 어울린다.

purple

보라
고급스럽고 자유로운 색

- 보라는 왕족의 색이다. 이집트의 여왕 클레오파트라가 좋아했던 색으로 알려져 있다.
- 보라색은 애도를 상징하는 색이기도 하다. 태국에서는 사별한 아내들이 보라색 옷을 입는 관습이 있었다.
- 인도에서는 법을 집행할 때 보라색을 쓴다. 시위 참가자들에게 경찰이 보라색 물을 쓰기도 한다.
- 보라색은 1960년대 히피들을 상징했다. 가수 지미 헨드릭스(Jimi Hendrix)의 노래 〈퍼플 헤이즈(Purple Haze)〉는 이 시대의 분위기를 대표한다.
- 보라색은 기독교에서 고난을 의미한다. 예수의 십자가 고행을 기리는 사순절에 교회는 제단을 보라색으로 장식한다. 『요한복음』에 다음과 같은 구절이 나오기 때문이다. "병사들은 가시나무로 왕관을 엮어 예수에게 씌우고, 보라색 망토를 입혔다."
- 보라색은 성소수자의 색이다. 남성을 상징하는 파랑과 여성을 상징하는 빨강을 합치면 나오는 색으로 여겨졌기 때문이다.

How to | 보라는 신비로움, 고귀한, 예술성, 희소성을 상징한다. 프리미엄 서비스, 럭셔리 제품 등과 잘 어울리는 색이다. 고급화 전략을 쓸 때 즐겨 사용하며 디자이너들의 색이기에 예술 관련 업종에 사용하면 좋다.

AUDREY HEPBURN

PLAYS THAT DARING, DARLING
HOLLY GOLIGHTLY TO A NEW HIGH
IN ENTERTAINMENT DELIGHT!

BREAKFAST AT TIFFANY'S

A JUROW-SHEPHERD
PRODUCTION

GEORGE PEPPARD · PATRICIA NEAL · BUDDY EBSEN · MARTIN BALSAM AND MICKEY ROONEY

DIRECTED BY BLAKE EDWARDS · MARTIN JUROW AND RICHARD SHEPHERD · GEORGE AXELROD

BASED ON THE NOVEL BY TRUMAN CAPOTE

A PARAMOUNT RELEASE

TECHNICOLOR

black

검정
어둠과 빛, 양면을 다 가진 색

- 핀란드에서는 질투에 사로잡힌 사람을 가리켜 '검은 양말'을 신었다고 표현한다.
- 중국의 진시황은 통일한 제국의 색깔을 검정으로 정하고 의복, 깃발, 휘장에
  전부 검은색을 사용하게 했다.
- 검정은 비옥한 땅을 상징하기도 한다. 아프리카 북서부 여성들은 결혼하고 난 뒤
  검은 땅을 상징하는 검정 옷을 입는데, 다산을 상징하기 때문이다.
- 순수한 검정을 만드는 데에는 비싼 염료가 필요했다. 17세기 유럽에서 교수,
  은행가, 변호사, 판사, 상인, 의사들이 검정 옷을 입었던 것은 그들이
  중산층이라는 것을 대변한다.
- '리틀 블랙 드레스'는 배우 오드리 헵번이 영화 〈티파니에서 아침을〉에 입고
  나오면서 여성들의 필수품이 되었다.
- 검정은 악마의 색이기도 하고, 신의 색이기도 하다. 이집트 죽음의 신 아누비스는
  검은 자칼의 모습을 하고 있다.
- 검정은 무정부주의를 상징하는 색이다. 혁명적 철학자 알랭 바디우
  (Alain Badiou)는 검은색과 관련된 사유들을 모은 책을 낸 바 있다.
- 스티브 잡스가 검정 터틀넥만 고집해서 입은 이후로, 검정은 창의성을 의미하게 되었다.

How to | 검정이 브랜드에서 쓰일 때는 정직함, 깨끗함, 간결한, 고급스러운 이미지를
준다. 또한 지적이며 독립적이고 창조적인 느낌을 주어 인플루언서들이 많이 찾는
색이기도 하다. 패션 브랜드의 로고에 검정이 많이 사용되는 것도 이 때문이다.

white

하양
치유와 회복의 색

- 허먼 멜빌의 소설『모비 딕』의 제목이 '백경'으로 번역되는 이유는 '고래의 흰색'이라는 챕터가 소설 속에 있기 때문이다.
- 프랑스의 국기에 들어 있는 하양은 평등을 뜻한다.
- 피부를 하얗게 만들기 위해 사용된 '백랍'은 납 성분이 있어 중독 현상을 일으키기도 했다. 수많은 미인들이 중독 부작용을 겪었다.
- 흰 동물은 어느 문화권이나 상서로운 동물로 취급받는다. 대표적인 동물이 '흰 코끼리'이다.
- 나이지리아의 아우사족은 평화를 상징하는 단어로 '하얀 심장'이라는 말을 쓴다.
- 쿠바 독립의 아버지인 호세 마르티(José Martí)의 시에서 '하얀 장미'는 우정을 상징한다. 미국 대통령 최초로 쿠바를 방문한 버락 오바마(Barack Obama)는 "하얀 장미를 기르네"라는 말로 화해의 인사말을 건넸다.
- 흰색의 웨딩드레스 전통은 영국 빅토리아 여왕의 결혼식에서부터 시작되었다. 여왕은 자신이 손수 짠 레이스를 자랑하려는 이유에서 흰색을 선택했다고 한다.

How to | 흰색과 검은색은 쓰임새가 같다. 블랙 앤드 화이트라는 단어처럼 상징하는 바도 비슷하다. 흰색은 모든 빛을 상징하기 때문에 의료 분야에서 사용하기에 적합하다.

『감성 만족! 컬러 마케팅』, I.R.I 색채연구소, 영진닷컴, 2004

『고령자를 위한 조명과 색채』, 일본인테리어산업협회 지음, 김혜영·김유숙 옮김, 국제, 2001

『그냥 하지 말라』, 송길영, 북스톤, 2021

『당신의 색이 가장 아름답다』, 이윤경, 비욘드북스, 2021

『데이비드 아커의 브랜딩 정석』, 데이비드 아커 지음, 범어디자인연구소 옮김, 유엑스리뷰, 2021

『디자인을 과학한다』, 포포 프로덕션 엮음, 우듬지, 2010

『모두가 디자인하는 시대』, 에치오 만치니 지음, 조은지 옮김, 안그라픽스, 2016

『모든 비즈니스는 브랜딩이다』, 홍성태 지음, 쌤앤파커스, 2012

『미치게 만드는 브랜드』, 에밀리 헤이워드 지음, 정수영 옮김, 알키, 2021

『사고 싶은 컬러 팔리는 컬러』, 이호정, 라온북, 2019

『색을 요리해 볼까?』, 김혜경·현종오, 해나무, 2009

『색의 비밀』, 노무라 준이치 지음, 김미지자 옮김, 국제, 2006

『색의 유혹 1』, 에바 헬러 지음, 이영희 옮김, 예담, 2002

『색의 유혹 2』, 에바 헬러 지음, 이영희 옮김, 예담, 2002

『색의 유혹』, 오수연, 살림, 2004

『색의 인문학』, 미셸 파스투로 지음, 고봉만 옮김, 미술문화 2020

『색채 기억』, 스에나가 다미오 지음, 강죽형 옮김, 국제, 2003

『색채론』, 요한 볼프강 폰 괴테 지음, 권오상·장희창 옮김, 민음사, 2003

『색채의 역사』, 존 게이지 지음, 박수진·한재현 옮김, 사회평론, 2011

『예술가들이 사랑한 컬러의 역사』, 데이비드 콜즈 지음, 김재경 옮김, 영진닷컴, 2020

『우리 기억 속의 색』, 미셸 파스투로 지음, 최정수 옮김, 안그라픽스, 2011

『컬러 인문학』, 개빈 에번스 지음, 강미경 옮김, 김영사, 2018

『컬러 하모니』, 이재만, 일진사, 2004

『컬러의 말』, 카시아 세인트 클레어 지음, 이용재 옮김, 윌북, 2018

『컬러의 힘』, 캐런 할러 지음, 안진이 옮김, 윌북, 2019

『Pink Book 핑크북』, 케이 블레그바드 지음, 정수영 옮김, 덴스토리, 2020

『Color』, 박옥련·김은정, 형설, 2007

『COLOR DESIGN BOOK』, 박명환, 길벗, 2013

『Color 색채용어사전』, 박연선, 예림, 2007

참고 자료

프롤로그

i "패스트푸드 브랜드 로고는 왜 붉은색일까", 《이코노믹 리뷰》, 2018. 7. 4
ii 『색의 비밀』, 노무라 준이치 지음, 김미지자 옮김, 국제, 35쪽, 2006

1장

i 『코카콜라는 어떻게 산타에게 빨간색 옷을 입혔는가?』, 김병도, 21세기북스, 2003
ii "왜 파란색을 보면 티파니가 생각나지?", 《HS Adzine》, 2008. 3. 4

2장

i "色은 꾸준함이다, 섬세함이다", 《이코노미 조선》, 2019. 10. 21

4장

i "빨간색 컵에 담긴 커피는 달다", 《헬스조선》, 2018. 10. 22
ii "커피, 잔 색깔에 따라 맛 달라진다…'쓴맛 줄이려면?'", 《동아사이언스》, 2014. 11. 28
iii "130년 기업 코카콜라, 비결은 식욕 자극하는 빨간색", 《이코노미 조선》, 2019. 10. 21
iv 『색의 비밀』, 노무라 준이치 지음, 김미지자 옮김, 국제, 24쪽, 2006
v 『색의 비밀』, 노무라 준이치 지음, 김미지자 옮김, 국제, 25쪽, 2006

5장

i 『사고 싶은 컬러 팔리는 컬러』, 이호정 지음, 라온북, 70쪽, 2019
ii 『사고 싶은 컬러 팔리는 컬러』, 이호정 지음, 라온북, 79쪽, 2019

iii "노티드만의 내러티브로 음식과 팬덤, 브랜드 지속성 모두 잡았죠", 《이코노미 조선》, 2022. 1. 19

iv "일·육아 모두 완벽할 수 없다 워킹맘, 죄책감 느끼지 말라", 《조선비즈》, 2022. 2. 11

6장

i "브레인스토밍 회의는 파란색 회의실에서… 파란색은 창의성, 빨간색은 집중력", 《뉴스 퀘스트》,

  2022. 3. 14

ii "노벨상 여섯 명 배출한 소크 연구소…'호기심을 키워라'", 《아시아 경제》, 2017. 6. 20

iii 『집중력이 낮은 우리 아이를 위한 1등 공부방 환경』, 김혜정, 생각나눔, 2009

iv "도심 속 녹색지대, 정신건강 증진 도와", 《사이언스 타임즈》, 2018. 7. 23

v "식품업계 '컬러 마케팅' 한창", 《식품음료신문》, 2009. 6. 24

9장

i 『색의 비밀』, 노무라 준이치 지음, 김미지자 옮김, 국제, 36쪽, 2006

10장

i 『사고 싶은 컬러 팔리는 컬러』, 이호정, 라온북, 276쪽, 2019

ii "'로빈후드'를 성장시킨 초심플 디자인", 《JapanOll》, 2021.3.29.

iii 『감성 만족! 컬러 마케팅』, I.R.I 색채연구소, 영진닷컴, 54쪽, 2004

에필로그

i 『마르코스와 안토니오 할아버지』, 마르코스 지음, 박정훈 옮김, 현실문화. 60쪽, 2001

ii 『감성 만족! 컬러 마케팅』, I.R.I 색채연구소, 영진닷컴, 8쪽, 2004

iii 『우리 기억 속의 색』, 미셸 파스투로 지음, 최정수 옮김, 안그라픽스, 18쪽, 2011

부록

i 『컬러 인문학』, 개빈 에번스 지음, 강미경 옮김, 김영사, 2018

이미지 출처

013 Greg Brave / Shutterstock.com

022 Conchi Martinez / Shutterstock.com

034 Phornphan Boonkrachai / Shutterstock.com

038 Hannari_eli / Shutterstock.com

043 Nixx Photography / Shutterstock.com

112-113 Jim Harper / en.wikipedia.org/wiki/Salk_Institute_for_Biological_Studies

165 이랑주

184-185 robinhood.com/us/en/

196-197 robinhood.com/us/en/

224 en.wikipedia.org/wiki/Breakfast_at_Tiffany%27s_(film)

김정운(문화심리학자), 유현준(건축가)이 추천하는
내 삶에 미적 감각을 더하는 새로운 교양 수업

심미안 수업

어떻게 가치 있는 것을 알아보는가

윤광준 지음

"이제 아름다움을 살펴보는 눈을 키운다"
미술부터 건축에 이르는 6개의 강의

40개 나라, 200개 기업, 1000개 가게에서 발견한
100년을 이어가는 오래 사랑받는 것들의 비밀

오래가는 것들의
비밀

새로운 것을 만들려는 이들이 알아야 할 7가지 법칙

이랑주 지음

한번 보면 잊히지 않는 존재가 되는 7가지 법칙!

팔리지 않는 시대에 필요한 '브랜딩 전략'

대기업 CEO부터 경영 전문가, 창업 컨설턴트까지
입을 모아 추천하는 마케팅 분야의 바이블

THE NEW

좋아 보이는
것들의 비밀

보는 순간 사고 싶게 만드는 10가지 법칙

이랑주 지음

"이 책을 읽고 나면 모든 것이 다르게 보이기 시작한다"
북모닝 CEO 최다 조회 강의

위닝 컬러

초판 1쇄 발행 2022년 5월 15일
초판 4쇄 발행 2022년 11월 30일

지은이 이랑주
펴낸이 김보경
편집   김지혜
디자인 박대성
마케팅 권순민

펴낸곳 지와인
출판신고 2018년 10월 11일 제2018-000280호
주소 (04015) 서울특별시 마포구 포은로 81-1, 에스빌딩 201호
전화 02)6408-9979 FAX 02)6488-9992 e-mail books@jiwain.co.kr

· '지식과 사람을 가깝게' 지와인에서 소중한 아이디어와 원고를 기다립니다.
  연락처와 함께 books@jiwain.co.kr로 보내주세요.